考古采访手记

张 蕾 著

学苑出版社

图书在版编目（CIP）数据

考古采访手记 / 张蕾著 . —北京：学苑出版社，2024.2

ISBN 978-7-5077-6906-7

Ⅰ.①考… Ⅱ.①张… Ⅲ.①报告文学—作品集—中国—当代 Ⅳ.① I25

中国国家版本馆 CIP 数据核字（2024）第 046913 号

出 版 人：洪文雄
责任编辑：周　鼎
出版发行：学苑出版社
社　　址：北京市丰台区南方庄 2 号院 1 号楼
邮政编码：100079
网　　址：www.book001.com
电子信箱：xueyuanpress@163.com
联系电话：010-67601101（营销部）、010-67603091（总编室）
印 刷 厂：廊坊市印艺阁数字科技有限公司
开本尺寸：787×1092　1/16
印　　张：14.5
字　　数：202 千字
版　　次：2024 年 2 月第 1 版
印　　次：2024 年 2 月第 1 次印刷
定　　价：198.00 元

编者的话

编就这部书稿，不能不为作者涉足考古领域取得的成绩所折服，她并非考古业内人士，但她热衷于考古，追踪考古近20年，这期间她采访了多个考古界的大腕级人物，收集了不少素材，以娴熟的文字和生动的语言撰写出版了很有分量的报告文学作品集《远古的访问》。随后她一发而不可收，又通过实地考察，以更加勤奋的笔触去捕捉考古圈热门火爆的新发现，譬如，作者对陕西韩城周代古墓、内蒙古吐尔基山辽代古墓、新疆东黑沟游牧民族聚集遗址等考古重大发现项目，从发掘现场到考证文物，解开一个个谜团，还历史原貌，都做了详尽的描述，使读者较全面地了解到古墓发掘的全过程及古墓的价值所在；在盗墓方面，作者特地去陕西省监狱采访了几个盗墓贼，根据他们的口述，并通过大量实例和资料取证，对盗墓的产业链形成及地下文物交易做了很有说服力的客观陈述；另外，作者通过大量实物图片对草原丝绸之路的形成及兴衰过程也做了非常细致和颇有见地的采写，很有感染力。

值得提及的是作者从2003年起连续八年跟随西北大学考古团队有关游牧民族的课题研究项目，深入新疆实地考察体验生活，积攒了10年的素材和资料，阅读了大量的相关书籍，浓浓兴致使然，她认真地投入课题研究之中，敢于提出问题并亮出自己的观点，与人谈起游牧民族，更是如数家珍，侃侃而谈，很让考古圈业内人士刮目相看，多次建议她到大学考古系给研究生讲课。经过多年的浸润沉淀，她开始计划创作一部反映月氏民族兴衰的长篇纪实文学《铁骑迷踪》，这一选题被中国作协列为重点作品扶持项目。正当她踌躇满志准备创作之时，接踵而来的重病拖垮了她，直至辞世也未能完成夙愿。全书计划写20个章节，但只完成了楔子和一、二章，这是她感到非常遗憾的事情。为了缅怀她励精图治10年的努力，展现她创作的端倪，特此将未完稿刊发出来，以志怀念。

作者为这些生成的作品倾注了心血，大部分都在国内有影响的刊物上发表过，在作者今年70周岁之际，特将她10多篇有关考古方面的作品编成一个小册子，一方面以飨读者，另一方面作为生日礼物以告慰她的在天之灵！

最后要特别感谢作者长期供职至退休的学苑出版社为此书出版所给予的鼎力支持。

唐文一

2024年4月于北京燕莎·后

张蕾简历

张蕾（1954—2022），大学专科毕业。中国作家协会会员，中国报告文学学会会员，九三学社社员。

自幼酷爱文学，1983年开始发表文学作品。当过10年工人，后从事期刊编辑工作。先后编纂过《革命烈士传》《中国现当代小说大系》《阿英外传》等，曾任《炎黄春秋》杂志创刊及发展时期的记者与编辑。1993年转行做出版，供职于学苑出版社至退休。其间做过编辑、编辑室主任，后从事编剧及自由撰稿人等职业。

发表过小说、诗歌、散文、名人专访、纪实文学百万余字；出版过童话、儿歌集四种；做过中央电视台"大风车"栏目和科技栏目"芝麻开门"的编剧，同时还做过大型动画片《中华历史五千年》的首任编剧。1999年涉足考古纪实的写作，先后出版的考古纪实作品有《远古的访问》《封土下面的狂野战争》；发表报告文学作品《国宝——398天保卫战》《消失在历史迷雾中的骑马民族》《东黑沟——封存了千年的远古之谜》《草原丝绸之路——时光掩不住的记忆》《吐尔基山辽墓迷局》等。

编辑生涯中，编辑出版过《中国的托派郑超林》、反映毛家子女内心世界的《高处不胜寒》、反映林彪庐山会议前后家中秘闻的《秘书眼中的叶群》《中国第一代女火箭专家王之任》等图书；策划出版的图书有，反映科学界研究观点的图书《边缘地带——来自学术前言的报告》，创新观点的人类学图书《走进他者的世界》，中国第一部由400余位知名作家共同撰写的乡土美食丛书《大老碗里的秦腔古韵》（陕西卷）、《神仙钵里辣椒舞》（湖南卷）、《红油劲舞觅蜀风》（四川卷）、《白案上的面食舞蹈》（山西卷）、《海纳百川土著饭》（黑龙江卷）等共计14种。

目　录

国宝
　　——395 天保卫战 ……………………………………………………………… 1
黄河冲刷出的三千年前的地下秘史 …………………………………………… 13
东黑沟
　　——封存了千年的远古之谜 …………………………………………………… 31
雾锁凤棺
　　——吐尔基山探秘（吐尔基山的契丹迷局）………………………………… 46
封土下面的狂野战争 …………………………………………………………… 62
异世同调
　　——观吕大临家族墓出土文物展 …………………………………………… 93
草原丝绸之路
　　——时光掩不住的记忆 ……………………………………………………… 101
消失在历史迷雾中的骑马民族 ………………………………………………… 134
《铁骑迷踪》构思框架（计划完成）…………………………………………… 144
《铁骑迷踪——寻找北凌匈奴的草原霸主》（未完稿）……………………… 153
新疆巴里坤日记（2006 年 7 月 27 日—8 月 17 日）………………………… 189
维吾尔族弟弟 …………………………………………………………………… 209
嫁了一个考古郎 ………………………………………………………………… 213
开封，复兴中的城市之痛
　　——访"古城卫士"阮仪三先生 …………………………………………… 218

国　宝
——395 天保卫战

2005 年底，陕西省文物局与韩城市政府在联合召开的新闻发布会上向全国披露，陕西省 30 年来，唯一保存完好的周代贵族大墓，在梁带村一带发现……，在通报发掘与保护的情况时，韩城市文物旅游局副局长王仲林，走进了我们的视线。

今天在梁带村主持发掘的考古队长孙秉君说："如果没有王局长，这片古墓早就被盗墓贼盗空了……"

在梁带村，我听到了这场文物保卫战惊心动魄的故事。

深夜里的爆炸

陕西韩城的梁带村是一个位于黄河西岸高台上的小村庄。虽然，村中央有一座古旧的城门洞和一小段旧城墙，但是许多国人却并不知道它的存在。就在相隔几里地外的党家村民居吸引来大批游客的时候，梁带村却依旧任由村民们数着自己安安稳稳的日子。

村会计梁普会回忆说，村里深夜一声爆炸过后，村子里发生了一连串奇怪的事情。先是三三两两的陌生人不断地出现在田间地头，这些人东张西望，四处转悠，尤其是夜晚更加频繁。遇上村民前去盘问，往往是一问三不知。但是口音却暴露出他们是外乡人。不久，有村民在放水浇田时，发现流进地里的水神秘地消失了。难道是地下有嘴吗？人们惶惑不安。再后来，村子里就有了流言蜚语……

伴随着传言，梁带村的人们认识了一个陌生的词——盗墓。从此，这个怪异的名词兼动词便带着新鲜与罪恶，把村民们安宁的日子搅乱，把大家拉入一场旷日持久、揪心撕肺的反盗墓"战争"中。

神秘的盗洞

夏夜的那声炸响过后，梁带村半夜时分的爆炸便此起彼伏再也没有间断过。可是，让村民好生奇怪的是，那么多的爆炸，怎么就看不到一点儿痕迹。于是，那些水流在地里神秘消失的村民便在自己的地里继续寻找。

喝水的"嘴"终于给找到了。就在离地面两三米的下面。挖开上面的地皮，这张大嘴便原形毕露，它像一口井，圆圆的井口虽然直径不到半米，却深不见底，难怪只听见爆炸却找不到目标。

隐藏在田地里的盗洞

村西头台地下的黄河冲沟里，自发前去寻找的村民们又发现了几处隐蔽的盗洞，这才证实，盗墓的传言不是空穴来风。盗墓贼正是通过这些盗洞潜入地下，去进行疯狂的掠夺。

据后来抓住的盗墓分子交代，这一时期，他们在梁带村炸出的盗洞是一流水平的。竖井的直径只有半米宽，深十五六米，盗墓时，他们在井下七八米深的地方横向挖洞，挖出的土直接倒入井底，地面上一点土也不出，白天在洞口上做好伪装，如果不是浇地的水流进洞里暴露了目标，一般人根本找不到。然而，除了已经被发现的之外，这样的盗洞还有多少，梁代村的村民们无法确切知道，但是，他们已经清楚地意识到，老祖宗一定在这里留下了什么东西，所以才会让盗墓分子如此猖狂。

王局长的困惑

梁带村的爆炸不仅震撼了村子的周边，也传进韩城市文物旅游局王仲林副局长的耳朵。局长刚刚离任，代理工作恰逢接手，发生这样的事情，让他感到前所未有的压力。

王仲林毕业于上海复旦大学文物博物馆专业，责任心抑或专业兴趣，使他对韩城的文化遗产以及周边情况了如指掌。

位于黄河中游地区的韩城，地理环境独特优越，是人类生存发展的天然摇篮。早在人类进入文明时代的前夕，这里就活跃着大量的原始先民，是最早接受文明曙光的地方。因此，古文化遗存相当丰富，从5万年前的旧石器时代到清朝末年，历经的各朝各代均有其文物出现，未有缺环。已经发现的各类古遗址、名人古墓、古建筑、古寨堡共有427处，各类馆藏文物5000多件……

令人困惑的是，在1988年和历次的全国文物普查中，韩城尚待发掘和保护的古墓、遗址中并没有梁带村的名字。可是无风不起浪，想到村民们三天两头的报案，此起彼伏的爆炸，邻省山西、河南意外发现的古墓群都在一个月内被盗掘、哄抢，毁于一旦，还有梁带村黄河冲沟的台地间曾出土过汉墓的情况，他感到了责任的重大。

实地调查的情况令王仲林吃惊。根据已经发现的盗洞看，来梁带村作案的专业级盗墓贼不在少数，职业的敏感告诉他，能把这么多盗墓贼吸引来的，绝不是一般的空穴来风和小道谣传，一定有着更大的背景。他宁可信其有，也不能让国家文物在自己手上流失。

梁带村采取措施，在相关区域拉上铁丝网

枪声响起

安排值班是王仲林做出的第一个决定。

没有经费，王仲林只好先开出空头支票，借用村里人员值班巡逻，采取稻草人轰麻雀的战术，吓跑盗墓贼。

可是这个方法很快就不奏效了。盗墓贼像吃到了蜂蜜，进而要把整个蜂巢带回家的狗熊一样，变本加厉，频频出手。作案团伙由五六个一群，发展到十几个一伙。他们常常在夜间蛰伏在庄稼地里，巡逻人员却成了暴露在明处的目标。

9月份前后，当玉米长到一人高的时候，爆炸声又此起彼伏地在梁带村的夜空中响起。王仲林心急如焚，四处求告，他知道没有强大的国家机器做后盾，难以控制局面。

进入9月份，梁带村爆炸声此起彼伏

正在两难之时，昝村镇派出所打来声援电话，只要梁带村出现情况，接到报告，他们立即上来。于是，就有了巡逻队与盗墓贼的第一次正面接触。

那是一个冬季的夜晚，事先接到报告的两名派出所公安人员，前来与梁代村的两名值班人员一道巡逻。凌晨时分，果然在农田里发现了一个盗墓贼，在实施抓捕时，被扑倒在地上的盗墓贼操着山西口音大声喊叫，一下子招来八九个同伙。

敌众我寡。就在这些人举着探铲和铁棍穷凶极恶的向巡逻人员包抄过来时，一名公安急中生智，拿出装有橡皮子弹的手枪，朝天扣动扳机，尖厉的枪声划破夜空……，同时他拿出手机大声喊道："刑警队从东边，巡逻队从西边，包围他们！"

枪声，仿佛是村民们压抑已久的情绪得到了释放。他们大声呼喊召唤着："北边儿有盗墓的，大家快去呀！"一时间，人们纷纷举着铁锹和锄头，打着手电向村北边跑去。

山西人听懂了陕西话，同时也被枪声震慑，掉头逃跑。村里的呐喊，手电光和脚步声让盗墓贼看到了曾经在电影里见过的场面，他们吓坏了，只好扔下同伙，抱头鼠窜。

壮观的群众场面不仅感动了王仲林，也感动了在场的每一个人。大家强烈要求快点儿搞清楚梁代村的真实情况，不要让国家的文物继续流失。

从梁代村到昝村镇派出所有4千米的路程，群情激昂的村民们怕盗墓贼在半路上抢走同伙，又自发地开着拖拉机，跟随着把人犯押送到了公安局。

这是几个月来王仲林和梁带村村民们最扬眉吐气的一天。

战争的方式

枪响过后，社会反响强烈。

在市政府的分析会上，大家一致认为值不值得保护的问题已经不重要了。梁代村的反盗墓工作拉锯这么久，盗墓贼还是不顾一切地前仆后继，说明梁代村这池水里一定有鱼。究竟是什么样的鱼呢？结论当然要请专家来下。于是，文物旅游局给省里的报告被送了上去。

市政府的决策给梁带村的形势带来了改观。巡逻队不仅有了警方的支持，还配备了少量武器，文物保护部门也将办公现场搬到了梁带村。巡逻队的战术由轰麻雀转为主动蹲守和伺机出击。遇到盗墓贼，可以先鸣枪示警。既然这是一场战争，就要以战争的方式来思考问题。

公安干警进驻梁带村

冬季的夜晚寒气逼人，半夜出动的巡逻队，必须保证每隔一段时间就要将村里的每一块地，如过筛子般地走上一遍，辛苦和危险几乎伴随着队员们的每一个分分秒秒。

从夏季到隆冬，王仲林知道弦绷得再紧也难免有松懈的时候，他不能眼看着坚守了半年多的阵地在疏忽中丢失，所以常常在下班以后来到梁带村，给大家鼓劲儿打气。他告诉大家说，咱们就好像是猫一样，贼就是老鼠，不抓老鼠就是失职。

村里建起瞭望台，组织村民值守

回忆那段日子，他十分歉疚地说，天气那么冷，时间那么长，答应的经费无法到位，没有防护，没有装备，我能够给予看护人员的，除了一些鼓励的话，就是请大家吃顿饭，买上些烟和酒帮助他们解乏御寒。

在王仲林的主持下，根据已经发现的盗洞情况，他们将作案人员分为三类：炸出的竖井既深又直，伪装后地面看不到痕迹的是一流专业级盗墓者，多以山西晋中与河南人为主；炸药用量大，洞口炸冒露出一个大窟窿的，为二流准专业级盗墓者，是韩城与外地人内外勾结的产物；三流非专业盗贼，多为当地农民用人工挖掘。根据三种人的不同情况，他们制定了不同的方法和巡逻时间，实践证明非常奏效。

后来从抓获的犯罪分子口中得知，王仲林的努力确实没有白费。自从市政府分析会后，盗墓分子虽然频频骚扰，却再也没有从梁带村得到一件好东西。

咫尺斗法

冬去春来，梁带村就像一个困守的孤岛，看不到形势的明朗，盗墓贼却继续鱼贯而入……

2月15日，9名蒙面犯罪分子持土枪、铁棍在凌晨3点来到梁带村再次作案时，被巡逻人员发现……

两天后，三名犯罪分子再次作案时被发现……

3月5日，先后两批犯罪分子乘坐四辆小轿车进入梁带村准备作案时，被巡逻人员发现，昝村镇派出所两名干警及时赶到，但追到党家村，还是让犯罪分子逃脱……

两天后的凌晨，三名犯罪分子又一次乘车前来作案，被公安干警、市稽查大队及巡逻人员一起抓了个正着……

3月17日凌晨2点，两个犯罪团伙共14名犯罪分子再次进入梁带村作案，我公安干警、市稽查大队和巡逻人员组成的5人巡逻队在进行抓捕时，遇到了犯罪分子的武装反抗，两名犯罪分子被抓获，我一名稽查队员受伤。

不到两个月的时间，只有5个人的巡逻队就遭遇了十几起有组织、有计划的团伙盗墓，但是他们忠于职守，没有让犯罪分子得逞。

眼见着好东西拿不到手，犯罪分子心急火燎，他们不断地变换着作案时间与手段，不仅选择雨雪天气作案，还向我方人员展开了攻心战。他们收买相关人员的亲属、乡党前来说和，见金钱收买不成，又威胁恐吓说，如果不放一马，小心你们的老婆孩子。

犯罪分子何以这般猖狂？据被捕人员交代，黑道上传说，这里有西周的青铜器和玉器。西安北京上海的文物贩子已经发话，只要是韩城梁带村的东西拿来就收，所以，全国的盗墓贼都跑到梁带村来了。

可是梁代村的情况却迟迟没有结论。面对方方面面的压力，一个小小的文物旅游局副局长究竟能坚持多久？王仲林心里也没有底。

撩开神秘的面纱

就在王仲林一筹莫展的时候，陕西省考古研究所接到报告，并派出专家孙秉君前来调查。

说起这段故事，孙秉君异常兴奋：

3月30日，我一来到梁带村，就闻到了这里的火药味。

村里的打麦场，是个屡次被盗墓贼骚扰的地方，听说先是三个人在这里打探铲，被巡逻队的枪声惊走后，过了一会儿又回来了十几个人，而且两天以后这些人继续在此寻机作案，直到被抓了8个人才安静下来。于是在王局长的陪同下，我们首先来到这里。

现场的情况令人吃惊，看热闹的村民挤满了打麦场，大家议论纷纷，都希望能挖出宝贝，引起省里的重视，将这里好好保护起来。当我们的探铲第一次与梁带村的土地亲密接触时，全场寂静无声，仿佛在进行一个隆重的仪式，我深深地被这个场景所打动……

孙秉君的到来撩开了笼罩着梁带村的神秘面纱，他一锤定音，首先确定了打麦场下面的车马坑。经过一周的调查，又找到了车马坑周边级别较高的大墓，确认年代久远，保存完好……

陕西省考古研究所闻风而动，报告很快就送交到国家文物局。4月20日，由孙秉君领军的考古队正式进入梁带村，对车马坑和19、27号两座大墓开始发掘。

对于考古队的到来，盗墓分子反应强烈，嘴边的肥肉怎能让别人抢先！于是，他们开始了更加疯狂的盗抢。梁带村的又一轮战争，在声声爆炸中拉开了大幕。

巡逻队与盗墓贼，你进我退、我退他进的相持战进入了白热化。我方是严防死守，高台、望哨、拉网式巡逻、轰麻雀战术、人海战术等都用上了。盗墓活动虽然猖狂，却难以成功。

露头的青铜器

在声声爆炸中，玉米又长高了。

这天中午，生产队长去自家的地里看庄稼，不经意发现了一个被伪装过的盗洞，急忙跑到文管所报告。

文保人员在生产队长的带领下赶到地里，在炸冒了的盗洞口上，起获了一件裹着泥土的青铜器——簋。

梁带村有青铜器的传闻终于被证实了，它的出现说明，梁带村地下墓葬的年代起码要早于2000年以前。大家在高兴的同时，一起分析了案情。

盗洞属于二流盗墓贼所为。可能是刚刚将赃物拿上来，巡逻队就到了，带着赃物逃跑，一旦被抓，肯定会判刑，空手被抓，顶多拘留几天，盗墓贼当然选择后者，不让你人赃俱获。既然他们有内线，短期内肯定会再次回来取货。据此，我方制订了蹲守抓捕计划。

果然，第11天，取货的人来了。

这些人很有耐心，他们匍匐在相邻的地里观察了很久，等巡逻人员过去后，才悄悄地分两路向队长家的地里爬行。但是，狐狸再狡猾也斗不过好猎手，那天的战绩是一人当场被抓、两人逃跑后被抓回。

这件事发生后，市公安局做出了主动出击的决定，采取对当地可疑人员上侦查手段的方法，决心从源头上控制局面。

匿名电话监听、布控卓有成效，很快就将多个线索锁定在一个声音上。"要弄就弄大的！"这是一个与外地文物贩子多次通话中反复出现的声音。这个人是谁？他住在哪里？公安部门对此展开了调查。

正在这个当口，昝村镇派出所所长接到一个匿名电话说，西安来的一伙盗墓贼正准备武装抢劫19号大墓，他们配备有手枪和微型冲锋枪。

这个消息如同一枚重磅炸弹，让所有人立刻紧张起来，王仲林连夜召开局里的中层干部会商量对策，并快速将重大情况报告送交省、市领导。待一切安排好后，晚上11点钟，他赶到了梁带村。

梁带村东临黄河，北临一条巨大的黄河冲沟，只有西南方向有路。离村口一两里路远的路桥下，有一条尚未投入使用的高速公路，这里时常停着盗墓分子接应的汽车。由于刑法规定，必须人赃俱获才能定罪，所以盗墓分子敢钻这个法律空子。于是，这条路上常常上演超越生命极限的追击"游戏"，便也不足为怪了。

这天的情况却不同，考虑到群众的生命安全，我方的策略是加强警戒、鸣枪示警，阻止作案。

公安局、派出所、文管所、巡逻队四方遵守巡查，近4个小时过去了，没有任何动静，按照以往的惯例，这一晚应该是平安度过了，可就在这时，高速公路方向响起了枪声。

王仲林急忙赶到出事地点，一到桥上就听见两声枪响，一阵刺耳的刹车声后，一辆轿车从北桥飞快地闯过来，随后听见有人喊："跑了，跑了，快点追！"

等大家上了车再追时，那辆车已经冲下高速公路，向老公路上一拐，便淹没在一片村庄的暗影里……

梁带村紧锣密鼓，战绩不断，公安局也锁定了监听的目标。

目标人外号小黑子，住在离梁带村几里外的A村，别看他游手好闲、没有正当职业，却总是一身名牌服装，一根长长的马尾辫披在脑后，俨然一副艺术家派头。

小黑子不仅在电话里露出马脚，生活上不明财产来源也露出破绽，对他的监控和抓捕果然得到了意想不到的收获。

疯狂的盗墓贼在黄河冲沟里正在挖掘一条通道，离考古队发掘的27号大墓只有20米远了。小黑子的交代如同又一颗重磅炸弹。

黄河冲沟里的盗洞

27号大墓已经接近棺椁。考古人员目前使用的工具是刷子和小铲，进度缓慢，而盗墓贼用的是锄头和铁锹，只要一个晚上就可以把大墓盗空。

情况紧急，市公安局立即做出紧急部署，蹲守和布控在严格保密的情况下拉开了大网。

两天以后的凌晨3点左右，8名盗墓贼藏头缩脑地拿着工具来到了盗洞旁。

抓捕工作短暂而迅速，除一人逃跑外，七人当场归案。

市公安局乘胜追击，又一举清扫了当地的内应人员，令外地盗墓贼成了聋子的耳朵，再也不敢造次，梁带村又恢复了往日的安宁。

作者（右）查看梁带村隐藏在冲沟里的盗洞

三个奇迹

19号大墓在宁静的气氛中，渐渐撩开了美丽的面纱。

先是青铜器，后是红玛瑙和玉器，数量之多，保存之完好，令许多考古工作者称绝，更令人兴奋不已的是，这个墓葬的年代要早到西周晚期至春秋早期，个别出土玉器的制作年代更早至商代。

中国的盗墓历史已经延续了3000年，在这样漫长的历史时期中，梁带村的墓葬没有毁于盗墓贼之手，的确是一个奇迹。

碰上王仲林，这又是一个奇迹。孙秉君诙谐地说，刚来梁带村调查时，盗墓贼就跟在你身边，每天晚上要来好几拨子，爆炸声不断，没有点胆子，早就撤退了。玉米长到一人高时，只听爆炸声，就是找不着人和盗洞，巡逻队只能排着队，举着手电一行一行地搜，我们在明处，他们在暗处，而且多数队员手中只有木棍，一年多的时间天天如此，一点也没有松懈，这本身又是一个奇迹。

的确，395天的坚持，如果没有专业的常识和敏感，没有责任心与坚强的意志，是守不住这片墓地的。

这一时期，梁带村创下了三个全国之最：第一，过往与抓获的盗墓贼最多（有几百人）；第二，缴获的炸药（70千克）和盗墓工具最多（装了一屋子）；第三，保护下来的墓地最完整，历史上从未被盗掘过。

在一片赞扬声中，王仲林一年零一个月的代理局长工作卸任了，他问心无愧，无怨无悔。

尾　声

2005年12月16日，陕西省文物局和韩城市政府联合召开了一个新闻发布会，第一次向社会公布了这一重大考古发现。

埋藏在梁带村地下的墓葬群，以4座带有墓道的大墓为主，伴有17个车马坑、103座墓葬，是陕西省30年来唯一没有被盗掘过的周代高等级贵族墓葬。

陕西省考古研究所所长焦南峰表示，已经和正在发掘的三座墓葬，遗物丰富，遗迹清晰，出土文物对研究西周晚期至东周早期的墓葬制度、礼乐制度以及商周时期的政治、经济和手工业都具有重要价值。经考古人员初步判断，墓葬的年代距今大约2800年，为西周晚期至东周早期。可以认为韩城梁带村两周遗址及墓地的发掘，是2005年陕西省最重大的考古发现，也是全国重大的考古发现之一。

原载于《新远见》2006年第1—2期

黄河冲刷出的三千年前的地下秘史

梁带村27号墓坑全景，这是梁带村已发现墓葬中唯一的"中"字形大墓，为王侯制大墓

2005年春夏之交，一个令人振奋的消息在考古圈儿里慢慢传开。

当陕西省韩城市郊发现高规格大墓群的消息得到确认后，我坐不住了。与陕西省考古研究院主持调查和发掘的考古队长孙秉君先生电话联系后，从北京出发，直达韩城。

韩城东依黄河，是一个历史文化久远的城市，早在旧石器时期就有人类生存，是最先跨入文明时代的地区之一。当年，被称为"华夏祖龙"的大禹，就是在这里凿开石门引黄导流，为韩城留下了"龙门"的地名。夏、商之际，龙门隶属雍州；西周时，武王之子封于韩原，立为韩侯国，曾在此兴师筑城……如今，禹王庙、少梁城遗址、司马迁祠、普照寺等一大批历史遗存，既是韩城历史的见证，也是引领我们寻古探幽的绝好向导。

市文化局王仲林副局长介绍说，发现大墓群的梁带村，距韩城市6.5公里，是一个高居于黄河西岸高台上的小村子。2004年8月，盗墓分子盗掘的爆炸声，搅乱了村子的安宁，盗墓与反盗墓的斗争僵持了一年之久，梁带村地下藏有古墓群的秘密才被揭示出来。

究竟是什么样的地下宝藏竟惊动了全国的盗墓贼？几百名盗墓分子，在长达一年的时间里，为什么会反复地向梁带村发起攻势？初步调查与勘探的结果给出了近乎圆满的答案。

考古队长孙秉君告诉我：一个月的调查下来，我们不仅在村东北和西南部发现大面积两周时期的建筑基址和生活遗存；还在村北找到了总面积330000平方米的墓葬群。经过小范围勘探后，确认了两周墓葬103座，其中车马坑17座，带墓道的大墓4座。考古队正式进驻后，又进一步扩大战果，将两周墓葬的确认数扩展到895座，车马坑64座，并根据排列规律，找出了当年墓葬区划分的邦墓区（国家公墓）与族墓区（贵族墓地）。

考古队在梁带村勘测墓葬

经过探铲勘探,发现了含朱砂和铜片的土样,证明此处地下有墓葬。

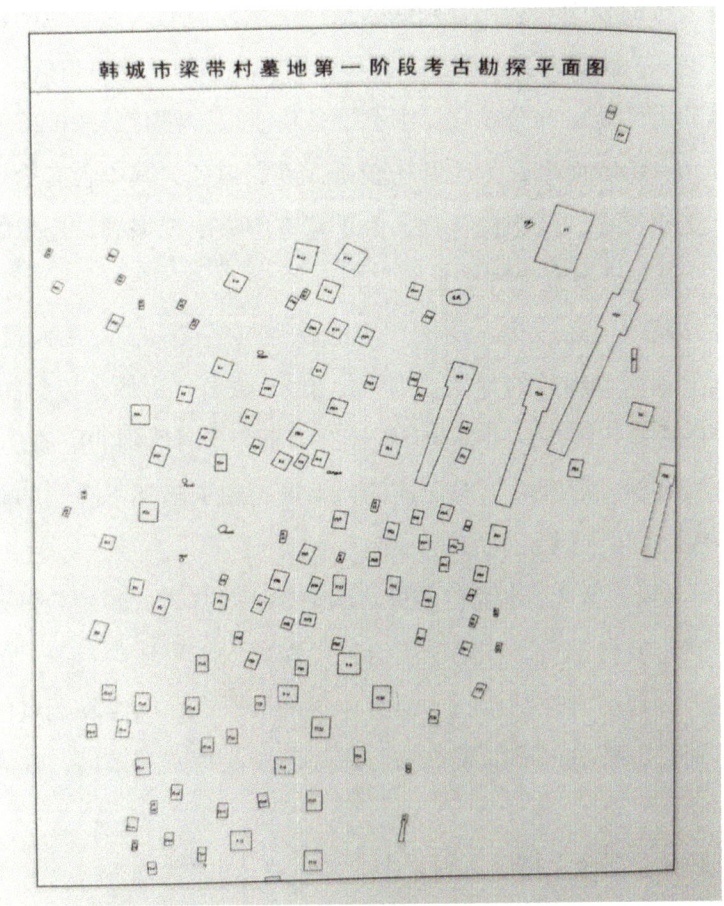

考古队勘探梁带村地下墓葬群平面图

在获得国家文物局批准后，陕西省考古研究院对编号分别为 m26、m27、m19 三座墓葬和编号为 k1 的车马坑进行发掘。

在这三墓一坑里，将有多少惊喜在等待着我们呢？

神秘的墓主

正在发掘的 19 号墓，位于墓葬区的中心位置，东距已经发掘完工的 1 号车马坑 60 米，西距 26 号墓 8 米，与同时开工的 26 号墓和尚未开工的 27 号墓形成组合排列关系，是一座规格较高的"甲"字形大墓。据史书记载，梁带村所处位置在商周时期属梁国领地。按照古人森严的丧葬礼仪制度，拥有"甲"字形墓道的墓主，起码应该是"大夫"级以上的人物。那么，这位梁国的"大夫"能是谁呢？

挖掘工作进行的较为顺利，直到深入地层 7 米，未见人为干扰的迹象。也就是说，在近三千年来，此墓未被盗掘过。队长孙秉君小小地松了一口气。

叠压在墓葬上的地层共分 3 层：第一层是耕土层，厚 0.15—0.20 米；第二层为现代层，厚 0.40—0.45 厘米，土质结构较密，呈黄褐色，其中含有少量陶片；第三层是红土层，土质纯净，没有包含物。由于墓室中央出现塌洞，连带的椁室也发生了严重的塌陷，基本已被夯土和淤土填实。

但是，在穿越了上述三个土层所代表的时空与年代后，发掘人员在墓底的南、北二层台上，发现两具殉牲的骨架。殉牲体长 85 厘米，头骨牙齿紧扣，保存完好，但四肢散乱，似做挣扎状态，颈部有麻绳痕迹，推测当时所殉的应该是两只活狗。

椁室完全打开时，展现在大家面前的，无疑再现了当年下葬时的辉煌情景，其奢华与玲珑令在场的人们大大惊叹了一番。

在这个长 4.7 米、宽 3.2 米的椁室里，四壁装饰悬挂着大量组合清楚、摆放规整的珠宝串饰。其中有青铜鱼、红玛瑙组合；黑陶珠、红玛瑙珠与海贝的组合；青铜鱼与陶珠的组合；还有陶珠与宝石的组合。这种情况，在已经发掘过的周代墓葬中从未出现过。而且，数量不菲的装饰物与随葬品遍及椁室和棺内，让人感到简直没有下脚的地方……

队员们只好在二层台上搭起木板，小心翼翼地从上面行走。

葬具是一椁两棺，外棺长 2.43 米、宽 1.1 米，棺顶和两侧板外均有红彩绘制的水波纹图案布匹印纹，据考古人员推测，当时棺外可能还有荒帷；内棺长 2.23 米、宽 0.90 米，因腐朽严重，所有木板均已无法看清。外棺顶板上盖有 4 件保存完好的"山"字形铜翼（音同"厦"，丧葬器）。

令人称奇的是，外棺的四周贴附（装饰）着 10 个带有双龙纹饰的镂空铜环，这样的造型和用途在周代墓葬中极为罕见。在棺椁之间的东、西两侧和正南方向，满满当当地地摆放着各种青铜礼器。大量的车马器、彩色漆箱饰件更是让人目不暇接。种种迹象表明，这个墓中的墓主，身份很不一般。

19 号墓棺椁外棺的四周摆放着各种青铜礼器

起初，大家都以为有了青铜器上面的铭文就一定会说出墓主的身份。可是，当 4 只青铜鼎和 4 个青铜簋一一出土后，却没有发现意料中的铭文。随后出土的 2 只青铜方壶，1 个甗（音同"演"yan）、1 个盘、1 个盉（音同"盒"he）和 1 个盖盆也都毫无字迹，坚持不漏墓主的些许蛛丝马迹。

按照周朝的礼仪制度，拥有四鼎、四簋的墓主应该是诸侯王一级的显贵了，可是随葬的礼器上却为什么没有铭文呢？是墓主得罪了天子而不许留名？还是后人不愿为其留名？疑问折磨着参加发掘的人们。

由于年代久远，内棺里，墓主的尸骨已腐朽的只剩下一个身体的印记。经测量，其身高为 1.67 米，除了躯干较为笔直的印象外，因采集不到骨骼标本，年龄和性别完全无法判定。

在黄河中部地区，1.67米的身高给个男性似乎矮了点儿，但给女性又好像高了点儿。如果是南方人，这个高度也许不会惹人考究。但是在北方，在关中平原，墓主又是周人的后代，这个问题就不得不谨慎考虑。这个拥有着诸侯待遇的人，究竟是男还是女？如果是男性，那么这个"他"到底是诸侯王还是太子？人们开始猜测。

棺内的清理工作缓慢而精细，依照墓主留下的身形和覆盖在各部位的物品，考古人员一件件地分辨出其身体各部位佩戴的饰物：颈部戴有红玛瑙和玉管、玉牌饰组成的佩饰；耳边随葬的是玉玦；手臂、手腕与脚腕上均配有红玛瑙佩玉的珠串；双手握着专用的玉握；另外还佩带有瑗（音同"院"）、牛首、蚕、鱼、觿（音同"西"）、柄形器等佩饰。相随的玉器有戈、方形牌饰、虎、鸟、蚕、泡等。

渐渐地，大家都感到，这样大量的工艺精美、来自远方的玉器和配饰，已不大可能是一个诸侯王所拥有的，墓主一定有着更高的身份。

时间在缓慢的工作中静悄悄地溜走，直到发现了一个很有意思的盒子，人们的思路才对墓主的性别有了倾向性的看法。

这是一个由象牙制作的、十分罕见的刀盒。蹊跷的是，盒子里面是空的。为什么没有刀呢？一个诸侯王或太子，即便生前不冲锋陷阵，死后也一定会在棺木中随葬兵器。刀，既是力量的象征，也代表威仪与权力，还是考古发现中判定男女性别的参照。

19号墓主身边珠玉满堂却没有一件兵器，最合理的解释，就是她是个女人！一个高个子的女人，一代国君夫人。这个解释使棺盖上覆盖的4件铜翣、10个双龙纹饰镂空铜环，4鼎、4簋的礼遇规格，以及遍布全身的珠宝玉器，都找到了合理的对应。虽然尚有很多疑点未能解决，但是这个结论，已经令我们欢呼雀跃了。有了国君夫人，离国王还远吗？！

清理工作接近尾声时，墓室中只留下插附着十只双龙纹饰铜环的四堵土墙和墓壁上深嵌的珠串，等待着文保人员的保护方案。由于工作召唤，带着发掘中的许多疑问，我匆匆赶回北京。

既是国君夫人，为什么无名无姓？没有颂赞她的铭文，也没有主持葬礼人的记录呢？两个星期后，孙秉君队长的电话解放了我的思虑。

原来我走后，文保人员便将几段镶嵌文物的土墙整体移走原样保护。于是，墓主头顶上方30多公分宽的那道土墙根部，露出了4件口沿上刻有铭文的青铜鬲（音同"力"），铭文记述了芮国太子作铸此鬲并保子孙万代永远昌盛的祈福。

神秘的墓主竟然是一位芮国的国君夫人。

她怎么会葬在梁国的领地上呢？更大的疑问摆在了考古人员的面前。

紧接着在19号墓葬中发现的铜簋身上，也没找到铭文的蛛丝马迹，墓主的身份成了考古队员讨论的话题

直到在19号墓葬中发现带有铭文的铜鬲之后，联系到墓葬的规则，考古队员才初步认定，墓主为当时的国君夫人

19号墓葬出土的玉牌

19号墓出土的人龙合雕器

19号墓出土的玉块

千年悬案

我国自汉代之始，帝王们对地下出土先秦时期青铜器一事就十分重视，将其看做祥瑞之气降临，并载入史册。

北宋咸平三年（公元1000年），陕西同州（今大荔县）一位名叫汤善德的农民，在黄河滩上打鱼时，发现沙土中露出一件青铜宝器，便将其捡回来敬献给宋真宗。此事在当时曾轰动一时，并传为佳话。

这件出自黄河滩的青铜宝器，上面书有"太公缶"的字样，后经考证，隶定为"芮公簠"。"芮公簠"的图影先是被收入石刻图绘《皇祐三馆古器图》，后又被北宋金石学家吕大临收入中国第一部《考古图》中，传世至今。到了清代，各类史籍中收录的带有"芮公"和"芮太子"铭文的芮国礼器已经多达26件，却均无出土地点。

黄河滩上最早出现的芮国礼器究竟来自哪里？谜底一时成为千古悬疑。

古书记载，芮国是一个古老的国度，早在夏商之前，古史中就有关于"虞芮之争"的记载。据《史记·晋世家》注释，春秋早期，韩城为梁国所在，芮国之都居韩城之南约100公里的大荔县。这个说法延续了2000多年。

芮国是一个小国，在经历了多年征战之后，究竟做出了怎样的抉择，以致将自己的国君夫人葬在了梁国的土地上？是因为梁、芮两国通婚？芮国的公主嫁与了梁国？或是梁国的公主嫁给了芮国？能够找到的猜测和解释统统不合情理。

芮国的领地是不是真的在陕西省大荔县？梁带村19号夫人墓的发现开始动摇专家们对史籍的完全信赖，虽然还仅仅只是一个孤证。

梁带村建在黄河西岸的黄土高台上，与山西省的乡宁县、河津市、万荣县隔河相望。由于河道的变化，滚滚黄河水在这里会发生十年一次的倒岸现象，每当此时，断流一方的河道就会裸露出来，同时露出河道旁深深的冲沟。

当初，在对梁带村周边考察时。孙秉君队长就发现，村北一条长约500米、最宽处30米的冲沟崖壁上有6座两周墓葬。而且，冲沟西侧已经勘探出相当密集的墓葬群。可以想见，这里曾经有较多的墓葬被河水冲走。

难道说，是黄河水充当了芮国青铜器的出土媒介？3000年的冲刷与拍打能够将50余米的黄土高台冲出几百米的深沟，为什么不能冲开一两座大墓，将墓中的器物带到远方呢？

孙秉君的这个猜测，把人们对 26 号大墓的期待推到了极致。

梁带村的明代城墙

疑云再现

再次来到梁带村时，26 号大墓的发掘工作已经结束。望着琳琅满目、奇异精美的一件件珍宝，听着孙秉君队长绘声绘色的介绍，在兴奋与激动中，我了解了它们的出土经过。

如果说 19 号夫人墓，让考古人员经历了一次视觉的盛宴，26 号夫人墓的精美绝伦便是一首亘古飘来的王者之曲。任何一个经验丰富的考古工作者，都会为观赏到如此美妙的皇室古韵而庆幸流连。

同为"甲"字形的 26 号夫人墓与 19 号夫人墓朝向一致，并排埋葬，相隔 8 米。墓道长 26 米，墓室长 7 米、宽 5.8 米。不同的是，在墓室与墓道的局部，发现有青灰色的泥浆土，并在相应的壁面上有涂抹过的光滑壁面。而且，二层台和墓道中没有遗物。

同样是一椁二棺的葬式；同样在外棺顶板上覆盖着 4 件"山"字形铜翣；周边同样贴附着 10 个双龙纹饰的镂空铜环；同样是墓室四壁挂满琳琅的珠串；同样是集万千宠爱于一身的国君夫人；礼器、车马器与陪葬物品的摆放完全一致。但是，26

号夫人墓中的青铜器却是 23 件。不仅比 19 号夫人墓多出 1 鼎、1 鬲、2 簠、1 盆，而且个个体量高大，较之 19 号夫人墓中的器物大出近三分之一。这究竟是什么原因呢？

春秋早期，各诸侯国仍然沿袭着周朝的礼仪，在天子、诸侯、大夫与士四级官宦之间有着森严的等级制度。即便是葬礼，也必须遵循严格的丧葬制度，陪葬品的规格、礼器的件数都有着严格规定。如果说礼器的件数体现了国君夫人的等级，但器物的大小却无法解释国君对该夫人宠爱有加的行为。问题究竟出在哪儿？让两位国君夫人拥有的礼器个头相差这么远？谜底或许就藏在墓中，或许伴随着当事人的离世被永远地带走……

26 号墓室四壁挂满了琳琅的珠串，和 19 号墓主人一样是集万千宠爱于一身的国君夫人

在众多的出土文物中，5 鼎、4 簠的国之重器，体态高大，制作精美，最能反映我国春秋早期的冶炼水平；堪称标志性器物的仲姜壶高 50 厘米，体形巨大，器形精美，上面饰满缠绕的龙纹；4 只簠盖内侧均铸有"中（仲）姜作为恒公尊壶"的字样；铜盉高 26 厘米，除柄、盖、流处分别铸有虎、龙造型外，两个侧面还用对称的龙首作为装饰，长长的龙舌夸张而传神，在两只龙角之间，一个简化的牛首将画面渲染得惟妙惟肖，是一件前所未见的艺术珍品。它们连同刻在鼎与方壶上面的铭文一起，成为确定墓地国别的重要旁证。

26号墓葬出土的青铜仲姜壶是标志性的器物

26号墓出土的仲姜甗也是不可多得的精品

26号墓葬出土的龙纹盉高26厘米两个侧面用对称的龙首做装饰，是个少见的艺术珍品

在外棺东侧，6件作为手中把玩的青铜"弄器"的出土，将发掘人员的成就感推到了顶峰。这些"弄器"器型小、铸造精细。其中，短流匜、单耳罐和鍑均为国内首次面市。它们的造型和图案独树一帜，不仅反应了北方草原文化与中原文化的完美结合，也是墓主生前奢侈生活的真实写照。

墓主佩戴的玉器和饰物遍及全身，这些玉器组合清楚，位置准确。计有面饰1组，颈饰四组，腕饰三组，握饰两组。仅左手玉握就由189颗玛瑙珠、16颗玉贝、

16颗玉蚕、48颗玉龟、8颗玉珠和4颗玻璃珠编排组成，是我国目前发现的最为复杂和奢华的两周时期玉握。

右手腕饰由1件方形牌、16颗玉蚕、8颗玉龟、8颗玉贝、2件玉面兽和100颗玛瑙珠组成。值得一提的是，在细小的玉蚕上还巧夺天工地琢上了小米粒般的眼睛，且十分传神；玉龟身上绘有龙首细纹；这些具有有相当难度的加工工艺，充分反映了当时的玉器制作水平，为不可多得的玉器珍品。

26号墓葬出土的青铜"弄器"均为国内首次面世，是墓主生前奢侈生活的真实写照

26号墓葬出土的玉握

26号墓葬出土的玉手镯

在组玉佩饰中，以七璜联珠和梯形牌饰最具代表性，也是陕西地区发现的等级最高的组玉佩饰。其中，人龙合雕璜尤其值得称道，小玉人的发束每毫米竟有5根，并且根根互不交错，堪称西周中期高超琢玉工艺的代表性作品。

随葬的珠串饰物中，一串由38颗煤精石龟形珠、14颗煤精石圆珠和2件造型各异的龙形觽玉佩饰组成的煤精石串珠，排列巧妙，制作精良，格外引人瞩目。古人在2000多年前，就懂得把煤精石当作饰物，这个发现或许会成为明天的商人说服时尚人士使用煤精石首饰的最好事例。

在出土玉器中，不同时期的玉器各领风骚。年代跨度最大的是红山文化的玉猪龙；其后是代表商代龙山文化的素面玉璧；西周的龙纹交尾玉璜和春秋时期的龙纹玉牌。它们不仅标志着中国古代的制玉工艺和文化，也标志着拥有它们的人所处的社会地位与生活方式。

大量稀有的和未曾面市的玉器陪葬品，如女立人、回首长尾凤鸟、双凤首花蕾玉佩等散放在墓主身边的单个玉器，不仅对研究商代至春秋时期的玉器制作工艺提供了难得的实例，也成为早期断代的标准器物。它们与青铜礼器的铭文，共同为两座墓葬的年代确认提供了较为翔实的依据。

据此，孙秉君队长与专家们将19号、26号两座夫人墓的埋葬时间定为春秋早期。

两座保存完整，布局整齐、排列组合遵循着一定之规的芮国夫人墓，出现在史料中记载的梁国领地上，这的确是一件匪夷所思的事情。

随后开挖的27号大墓是不是葬着一代国君？人们的心里既期待，又矛盾。种种迹象表明，梁带村两周墓地应该是芮国的墓地。那么，史书中的记载如何解释？是年代有误，还是梁国与芮国之间有着人们不知道的隐情？

答案像一个顽皮的孩子，总是在你面前跳来跳去，却抓不住摸不着。

国王与太子的秘密

承载着人们太多希望与期待的27号墓，是梁带村已发现墓葬中唯一的"中"字形大墓，与26号墓只相隔3米。在拥有的两条墓道中，南墓道长33米，北墓道长17米，墓室长度9米、宽7米，是三座大墓中形制最大的一座。

发掘工作进入墓室后，经验丰富的孙秉君队长就发现，当初的建造者为了扩大椁室面积，尽量压缩了四个二层台的宽度。因此，东、西两侧的二层台仅有30厘米。这个现象反映出建造者的仓促，其中应该隐藏着十分隐秘的原因。

椁室的22块顶板保存较好，外棺上覆盖着8件铜翣，荒帷已经朽尽，只留下些许的织物残迹。铜翣的数量告诉我们，墓主非一代君王莫属。

一椁二棺的形式，与外棺四周10件双龙镂空铜环虽与19、26号墓葬如出一辙，但椁室内部的装饰却大为壮观。除了四壁悬挂有各种珠宝串饰外，椁板的四壁也悬挂着玛瑙珠管与陶珠、贝壳组成的串饰。椁室里，木制的棺罩腐朽得只剩下一个框架，在这个东西有5根方木、南北有6根方木组成的框架上，曾经挂满了各色珠串。

墓主的骨骸已经腐朽，只剩下一个仰身直肢的人体印痕。但是，金碧辉煌、庞杂奢侈的随葬品却大多风采依旧，保留着当年的雍容华贵。棺内，烁烁生辉的是各种金器、玉器和铁器；棺外，浩浩荡荡的随葬品摆满椁室。南区是数量庞大的车马器、漆木、漆箱饰件；东区是青铜礼器和10件套的乐器石磬；东北部的乐器区，摆放着成套的漆木建鼓、青铜编钟、錞（音同"纯"）于和钲（音同"争"）；西区是各种青铜器具。

27号墓葬墓主的骨骸已腐朽，只剩下一个仰身的人体印痕，但庞杂奢侈的随葬品却保留着当年的雍容华贵

27号墓棺内摆满了金器、玉器和铁器

7鼎8簋、编钟、石磬、建鼓、錞于……，无疑是在昭示着我们墓主极其特殊的身份。这套行头的确非天子莫属。按照它与前两座大墓的组合关系推测，此人应该是芮国的国君。

墓主身上的佩饰极其奢侈，躯干部分佩挂有金剑鞘、金环、金軜（音同"设"）、金三角形牌饰、金龙、金泡等金器48件。玉器多为标志着身份等级的器物，其中有七璜联珠、玉圭（戈）、玉琮、玉璧和制作精美的玉佩等。尤其是挂在胸前的七璜联珠弥足珍贵。它是由7件商代与西周时期的玉璜、1件圆形龙纹玉佩和953颗玛瑙珠共同组成，在璜与璜之间用三排玛瑙珠连接，复原长度为105厘米。

丰富的随葬品无法一一赘述，单从材质上划分，便可分为金、玉、铜、漆、石、铁六大类；从功能上划分，也可分为礼器、乐器、车马器、兵器、用具、装饰品六大类。可以说，在以往发掘过的春秋时期墓葬中，凡是出现过的器物，27号大墓中都有相关的呼应。

27号墓葬出土的錞于显示了墓主特殊的身份

27号墓葬出土的墓主身上奢华的佩饰镶金玉

27号墓葬出土的青铜戈

7鼎8簋与26号墓葬中出土的5鼎4簋、19号墓葬中出土的4鼎4簋，再次印证了春秋早期贵族阶层的器用制度（用鼎制度）。三座大墓中出土的带有"芮"字铭文的铜器，如"芮太子"（19号墓）、"芮公"、"芮太子白"、"中（仲）姜作为恒公尊鼎"（26号墓）、"芮公作为旅簋"（27号墓）等大量带有"芮"国铭文的铜器，皆说明了梁带村墓地为芮国墓地的事实。

这个结论既肯定了墓地的国属问题，也带出了更多的疑问。梁国的领地究竟划到那里？芮国的国都到底在哪儿？两周时期，梁、芮两国的地望究竟发生了什么样的变化？深入研究这些问题，找出结果，需要更多的时间。

在三座大墓的铭文中，"太子"与"太子白"的出现频率最高。这说明，在三次葬礼的承办过程中，太子都扮演了重要的角色。细心的考古人员发现，26号和27号墓的铭文中，都是既有"公"，也有"太子"；而19号墓的出土铭文里却只有"太子"没有"公"。这个细节是否可以解释为：当19号墓主下葬时，公（国君）已经不在了。也就是说，国王已经先于这位夫人而去。没有了丈夫的呵护，下葬的礼仪和标准虽然不减，礼器的尺寸却被克扣的事实就迎刃而解了我们先前的疑问。幸运的26号墓国君夫人先国王而去，葬礼有国王督办，太子自然是不敢松懈。这样的解释是否合理？只有仁者见仁，智者见智了。

那么，隐藏在国王与太子之间的秘密又是什么呢？

在进入墓室之初，经验丰富的孙秉君队长就发现，4个二层台的宽度被明显压缩了，意在扩大椁室的面积。为什么不在设计时就做好规划？仓促之中似乎暴露出太子的心不在焉。

按照《礼记》中"天子崩，七月而葬，五重八翣"的记载，天气炎热、尸体不宜久放可能是一个理由。但是，青铜礼器中存在的良莠现象，却令上述解释站不住脚。

在诸多礼器中，堪称国之重器的鼎和簋，设计精美，制作精良。蹊跷的是，同一批次，相同的工匠，制出的器物却有粗细之分。加之与19号墓葬相同，少量玉器有明显的改器形现象，太子的粗心与急躁便暴露无遗。

是政治原因分散了太子的精力？手足之间围绕王位的争夺？还是太子对国王缺乏孝心？史书中没有相应的记载。

国王与太子之间的秘密只能在蛛丝马迹中慢慢地寻找。

梁、芮之惑

据《史记·秦本纪》注解记载，芮国在今天的陕西省大荔县一带，南距古少梁国20里（今距韩城100公里）。芮国与梁国同属周人的后代，是唇齿相依的同宗古国。梁国为嬴姓，芮国为姬姓。

《都城记》说："梁伯国，嬴姓之后，与秦同祖，秦穆公二十二年灭之。"

宋代郑樵《通志·氏族略》记，秦襄公秦仲，因与小叔嬴康，护送周平王东迁洛邑有功，平王封嬴康于夏阳梁山，建立梁国（也就是今天的韩城），子孙以国为氏。

今天，古少梁城的遗址尚在，这说明嬴姓梁国确实在今天的韩城一带。按照这个说法，梁带村墓地应属梁国。但是，这里却从来没有发现过梁国的墓葬和带有铭文的梁国铜器。

27号墓葬出土的漆木颜色依然鲜艳

考古资料证实，嬴姓周人带有墓道的大墓，墓道向东；姬姓周人带有墓道的大墓皆一致朝南；墓道方向与嬴姓和姬姓的族属关系相当明确。梁带村出土的三座大墓，墓道口均为朝南，正与姬姓周人的墓道朝向契合。所以，梁带村墓地的国别绝不可能是嬴姓梁国。

"芮公""芮太子""芮太子白"，是梁带村三座大墓出土铭文的典型芮国标记，是梁带村墓地归属芮国的重要证据。《左传·桓公三年》关于春秋早期的文献记录，屡次出现"一代芮伯之母'芮姜'"的记述，证实了姬姓的芮国国君与姜姓通婚的事实。分析26号夫人墓的铭文"中（仲）姜作为恒公尊鼎"得出，"恒公"即"芮公"，""中姜"即"芮姜"。如果此说不谬的话，26号夫人墓的墓主正是"芮姜"；27号墓的墓主"芮公"就是"芮桓公"。三座有着组合关系的大墓为芮国一代国君"芮桓公"和两位夫人的异穴合葬墓。

但是，芮国有事实与铭文做证，梁国有旧城遗址和史书作证，关于两周时期芮国的国属问题还是难以厘清。

《括地志》中，关于"南芮乡故城"与"北芮城"的记述，给僵持不下的梁国和芮国照进了一线希望的阳光。而今年开始发掘的梁带村两周遗址另一座"中"字形大墓，或许能够给我们的疑惑找到些许线索。

我们深深地期待着！！

原载 2008 年 11 月《中国之韵》第 11 期

东黑沟
——封存了千年的远古之谜

工人们在搬运封土中的石块

历史上,新疆巴里坤曾经是个神奇的地方,就像它的蒙古语名字"巴尔库尔"一样,汉语的意思是"老虎前爪"。这个在汉代就名声大噪的地方,无论在古丝绸之路兴起之前的草原之路年代,抑或是今天,"老虎前爪"都赋予了人们同样的期待与神往。2006年,西北大学考古工作人员在王建新教授的带领下对巴里坤东黑沟地区开始进行发掘与研究,2007年,巴里坤东黑沟遗址被评为"中国十大考古新发现"之一。作为王建新教授的随行人员,我见证了此次发掘的全过程。

发掘前，西北大学考古专业师生在哈密地区文物局和巴里坤县文管所协助下，对东黑沟遗址及周边进行了全面的调查和勘测，共发现石筑高台3座、石围居址140座、墓葬1666座、刻有岩画的石头2485块，确认其为一处规模较大、内涵丰富、具有代表性的古代游牧文化聚落遗址。

2006年7月中旬，我从县城乘工作车西行几分钟后，汽车进入一段布满石头的河滩地，颠簸行驶了十多分钟，一个个山坡沟壑又横在面前……终于来到东黑沟遗址时，我感到一种空前的兴奋。

东黑沟聚落遗址，分布在东天山北麓缓坡上两条狭长的山谷和山前坡地上，南北长约5公里，东西宽约3.5公里，面积8.75平方公里。庞大却并不起眼的遗址群，一般人来到这里，看不出任何端倪。即便是游牧的牧民，在这里住上三两个月，也不会发现蛛丝马迹。坡下面的河滩地里有的是石头，搬一些到草场上来，临时搭个拦羊的石围子是再自然不过的事，历朝历代的牧民都是如此，留下些圆形和长方形的石围基座毫不奇怪。

引人注意的是石头的颜色和质感。在王建新教授的指点下，我注意到石头表面被岁月镀上的那层黄斑。这些被黄土掩埋了大半截身体的圆石头，的确要比我看到过的大部分刻有岩画的黑石头苍老得多。这是因为材质的不同，还是年代更久远？能把这么多大小相当的卵形石头搬到山坡上来，不仅需要刻意地寻找，还要有良好的体力和庞大的人群。当年是谁指挥了这支劳动大军？他们在这里建造的是普通居住区，还是军事重地？一个个的疑团，将我们引向正在发掘的那座中高台。

巴里坤位于天山以北的东疆地区，自古以来就是游牧民族聚集的理想栖息之地。它东临河西走廊，西接吐鲁番盆地，北靠蒙古高原。特殊的环境和地理位置，不仅使其成为中原文化与边疆文化的交汇地带、欧亚大陆的交通要道，同时也是牧民们的米粮仓，水草丰美的牧场，草原丝路的重镇。西汉以后，这里还一度成为中原屯兵的军事要塞。

草原民族，在中国历史的长河中，是一支最为活跃的民族。他们用生命和激情，渲染了中华历史五千年中最火红的一幅画卷。可叹的是，由于缺少文字记载，对于他们历史文化的研究，有些还是空白。就连游牧民族有没有可能留下居住遗址的问题都尚在悬疑之中……因此，东黑沟遗址的发掘就显露出非同寻常的意义。

站在高坡上的那一刻，我才体会到东黑沟独特的地形优势。这里，仰看是水源充沛的绿色森林和山顶的皑皑白雪；俯瞰一览巴里坤平原，进可攻、退可守，攻防自如。古人在选址时显露出来的缜密心机和战略眼光，究竟赋予了这个山谷什么样的使命？疑问像一个个冲锋的战士般跃出脑海。

变幻莫测的山丘

最先引起王建新教授注意的，是三座形式特异的山丘。它们由南至北呈倒"品"字形分布，虽不起眼，却标准规则。中高台就是这三座山丘中的一座。它耸立在遗址的最南端，是三座高台的中心，东西两座高台分别位于遗址两侧的山坡下，距中高台直线距离4公里。从整体布局看，中高台所处的位置最高，理应是东黑沟遗址的中心。同期发现的石围居址和墓葬，均分布在它的周边及附近区域。

隐在松树后的山包，由南至北呈倒品字形分布，虽不起眼，却标准规则

记得2004年随队前来调查时，中高台被草皮和泥土包裹着，很像一座由大山母体中孕育出来的小山包。可是，第二年再来时，目光敏锐的王建新教授却发现，在坡顶北部宽大的平面上出现了一个形态诡异的盗洞。与我们以前见过的盗洞完全不

同，洞口一圈隆起的石头宛若新鲜伤口上翻卷的皮肉。也许，从外形上看，这个山包太像一座位置和高度都达标的王侯大墓。然而，盗墓贼在这里却败走了麦城。因为，剥去泥土和草皮，中高台这座平面近圆角方形的覆斗状高丘，变成了一座令人心生敬畏的土石混合型石筑高台。

中高台高约4米，顶部面长约17米，宽13米；底部面长30.3米，宽25.9米；边缘由层层叠叠脸盆般大小的卵石垒积而成，中心部位是土石混合的堆积。究竟是什么力量驱使强壮的劳动大军，不遗余力地建造这座庞大的石筑高台？

回答只有两个：权利和信仰。

照此看来，三座高台的品字形排列暗含着非凡的意义。

高台未挖掘前，在常人眼里和旁边的山坡没什么区别

在王教授的指挥下，搬开后期叠压在高台上的一块块浮石，清除掉表土后，高台的真实面目逐渐坦露出来。

高台南边的西侧，连接着一座用卵石围砌的方形居住遗迹。透过坍塌的乱石，依稀可以看见排列整齐的石墙。南台正中央，一条斜穿的坡路从上至下，连接着高台下面一条采用跳空法铺成的石板路。石板切割得很有规律，每一块约70公分长，40公分宽。这样高的礼遇，走在上面的人身份一定非同寻常。

高台北面下部的斜坡上，四座方形石围居址紧紧相连。挖掘中发现的多座炉灶和火塘，让人联想到军队与伙夫。但是，相继出土的大量兽骨和被肢解的人骨却毫不留情地阻断了这一思路。

高台上的青石火塘

中高台边缘由层层叠叠脸盆般大小的卵石垒积而成，中心部位以浅红色填土为主，石块稀少

当高台上部发掘进行到第五层文化堆积下时，考古队迎来了第一个重大惊喜。在清除了大量的烧土、木炭和灰烬后，一个反映大型祭祀活动的场面裸露出来。

答案再清楚不过，中高台既不是居住基址，也不是古人的屯兵之地，更不是戏台、烽火台，而是古代游牧民族的祭祀台。

石磨严守的秘密

偌大的祭祀场地上，由南向北分布着两列（15个）顶部内凹的大型石磨盘，中间是被灰烬包围的青石火塘，还有众多的灰坑。灰坑周围散布着大量陶片。经过清洗拼对后，这些陶片恢复的器形有双耳高领罐、釜、单耳罐、四耳罐等生活用器。此外，还收集到大量的石磨具、穿孔石器、骨器等。

两列威武的磨盘和火塘中大型的双耳高领罐，它们的整齐庞大，给人以震慑感。现场足以说明，在这样一个被石围子簇拥着的石筑高台上，曾经多次举行过庄严而神圣的仪式。

望着这些被掩埋了千年的遗迹，我们完全可以想象见：当年，火塘和炉灶中燃着大火，大火旁围坐着人群的壮观景象……

他们如何祭祀？高台上为什么会有那么多的火塘和炉灶？还有被染上烟垢的陶器和排列整齐的大石磨又是干什么用的？答案似乎都被最后一次祭祀活动结束后的大火烧成了灰烬。

大火之后，作为祭祀台使用的中高台基本废弃，再也没有进行过大规模的使用。是点火仪式引起的大火，还是故意为之？我们不得而知。

大火，不仅留下大量的木炭和烧土，毁坏了所有刚刚使用过的陶器，就连坚固的大石磨也多被烧裂。大火焚烧的场面，在天山怀抱静寂的夜晚将营造一幅多么绮丽的场景。人们的疯狂随着大火的熄灭而平息，他们的激情来自哪里？幸存的石磨缄默不语。

高台上发现的石墨盘，在当时萨满教的祭祀仪式中总要在磨盘上磨制"那丝"让人吸食，以感受神灵

石磨具，用来在磨盘里研磨"那丝"

修复后的单耳罐　　　　　　　　　修复后的双耳罐

2006年8月,在巴里坤召开的"东黑沟遗址考古发掘专家研讨会"上,新疆文物考古研究所研究员吕恩国先生的一个思路,为我们揭开了石磨的秘密。

祭祀活动作为一种精神需求,在人类出生不久就伴随着我们。古代东天山地区的游牧民族也不例外。据说萨满教在举行祭祀活动时,总要在磨盘上磨制"那丝"让人吸食,以感受神灵。那丝是一种让人神志飘忽、精神亢奋的植物,经过专家考证,新疆当地人称为"那丝"的东西,就是今天令人谈虎色变的罂粟粉。

"那丝"成为祭祀活动中必不可少的工具,这一点已在不同的研究领域中得到证实。石磨用来研磨罂粟可能只是它们的功能之一。东天山地区的牧民一直以来,就有种植少量罂粟以备家庭入药的习俗,也支持了吕恩国先生的说法。

于是,我们似乎能够试着解释一些发掘中遇到的困惑。譬如,被当作祭品的人牲服食了"那丝",亢奋的人们是处在吸食后的一种幻觉中。

七颗羊头的暗示

从高台上层使用面到下层使用面的发掘,是一个艰苦的过程。但是,发现的愉悦令人振奋。当最后一层堆积物剥离后不久,大家才惊喜地发现,在祭祀台下面埋藏着一个同样的祭祀场所——石屋,而且时间更加久远。

高台下的两间年代更久远的石屋，高台就是在石屋上堆砌而成

底层的遗迹和遗物都很丰富。一开始，根据现场的遗迹和遗物很容易就复原出一个忙碌而有序的活动场景。两间木构房屋建筑结构规则，很像一个集中使用的生活场所，许多人在这里进行着有条不紊的制作、加工等工作。但是，其中的一些遗迹现象和遗物特征，却不得不让人重新考虑房屋的性质。

在发掘木构建筑内部堆积时，两个羊骨坑的出现让我们改变了思路。

在一座石围居址内发现了二十几个羊拐子骨（羊距骨），这些羊拐子经过悉心加工，有的上面还刻有精美的花纹，显然不是儿童玩具，它使我们想起了草原民族用羊拐子做占卜用具的古老习俗。

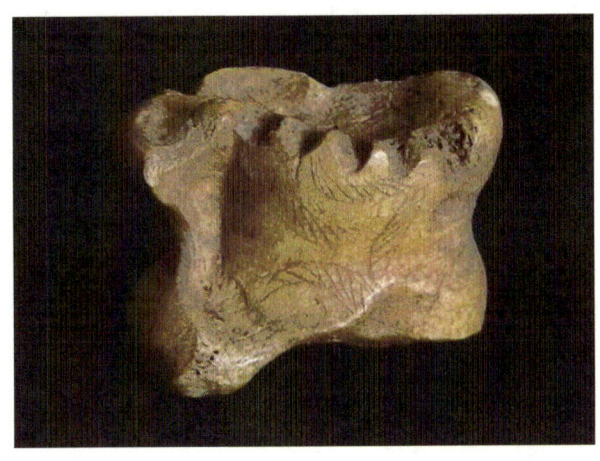

羊拐上刻有规整神秘的纹路，也许带有某种神秘的含义

在高台上下的发掘中，羊骨坑的出现并不罕见。可是，不约而同地出现七颗羊头，这个现象一定暗含着非同寻常的意义。"七"这个数字在当时是否具有某种特殊的含义？"七颗羊头"带来的悬疑令人难以释怀。

不久，在房屋的西南角发现了一口小坩埚，埚内还残留着少许铜渣。铜器在高台上下发现得很少，下部仅仅出土了一把铜刀。由于遗址内未发现铸铜遗存，所以坩埚的出现就显得异常有趣。或许冶铜不是为了制造铜器？如果这样，坩埚的生产活动就具有了某种特殊的功用或意义。它和遗址中大量带有刻画痕迹、具有占卜功能的羊距骨及马、牛距骨有没有联系？还有，七颗羊头耐人寻味的组合……，众多与祭祀相关的佐证，使石筑房屋的性质当然得到了确定。

从出土物与土层迹象分析，由两间石屋成长起来的石筑高台，其演变过程是这样的——南间不仅有木屋顶，而且用原木横向构筑了木墙，修建有火塘、摆放有石磨盘、开挖了不同功能的祭祀坑，应该是进行某种特殊意义活动的场所。从遗留下数量众多、体形巨大的陶器和随处可见的谷物颗粒、羊骨以及房屋的规模均可看出，南间的地位、性质非同一般。北间由于占据斜坡，房屋的地面明显经过第二次垫土，又经长时间使用，踩踏成硬面。在木构建筑的外围，是卵石堆砌的石墙。不知什么时候，不知什么原因，一场大火烧毁了木构建筑，屋顶倒塌，将地面上的陶器在原地压碎，留下了大量木炭和烧土堆积。又不知过了多长时间，古人用卵石块和土将石墙内部填满，形成了一座石筑高台，在高台上部又开始了新的祭祀活动。

公元前后，东天山地区曾有多支游牧民族栖息，究竟是哪个民族在使用这个祭祀台呢？祭祀台下的石围居址是不是他们的住处？他们是如何祭祀的？祭祀的内容又是什么？答案不仅要到祭祀台出土器物锁定的历史年代中去找，还要从蛛丝马迹中反映出来的文化习俗中去追寻。但是，常识告诉我们，有些答案，已经伴随着时空的消逝灰飞玉殒，偌大的宇宙空间中再也不会与我们相遇……

人牲，一个古老的习俗

石围居址的使用功能是什么？它们与石筑高台是同一时期的产物吗？使用石围子的人同石筑高台上祭祀的人群是什么关系？这些问题在发掘前，大家心中都没有底。

五座由长形砾石建成的石围居址，一座依附在中高台的西南边，四座紧靠在中高台的东北。大部分居址的石墙都已经倒塌，只有石围1号居址北墙西部的石列还比较整齐，几乎达到了房高的中间位置。石围居址内发现有分布稀疏的细柱洞，表明它的居住形式应该是顶部较轻的帐篷或毡房。

三座石围子里设有火塘。火塘均由长条状青石围成，平面呈马蹄形。离奇的是，整个遗址区乃至周边地区，都很少见到这种质地密致的青色石。可以推断，用这种经过加工的石头垒砌成形状一致的火塘，不但象征着某种重要事件，还代表着一种文化特征、习俗和审美意识，绝不会是普通牧民居家使用的火塘。

有意思的是，石围4号火塘下一件完整双錾陶釜在被发现时，里面的羊骨一如当年。羊头置于最上方，面朝高台方向。下面的羊骨摆放整齐，不像有待食用的状态。一块卵石盖住了陶釜的釜口。

令石围子使用性质逐渐明朗的是，石围1号遗址南墙下一个卵石围成的圆圈内一具人骨残骸的出现。残骸没有头，只有带着一颗牙齿的下颌骨；下肢完整，上肢骨方向位置全都错位，尸骨上压着两层大石头。

这种石圈遗迹由一圈较大的卵石围成圆形或椭圆形，卵石半露于地表。在另几处石围居址内的石圈遗迹中，也同样发现有残缺不全、摆放凌乱的人骨。这些人骨的共同特点是都没有头，他们都是被杀掉当作了祭祀的牺牲。有意思的是，人牲的尸骨中偶尔夹杂有一些装饰品和工具，有的还有砸碎的陶器，这些都应该是人牲生前随身携带的日常用品。

人牲是一种古老的祭祀习俗，是古人为祭祀祖先（人鬼）、神灵或自然界万物而杀戮活人以为祭品。人牲一般使用战争中的俘虏，被征服部落贡纳的青年男女及儿童或由此而形成的奴隶。巴里坤东黑沟遗址人牲的发现，一下就把高台上下的使用性质和人物关系变得明朗了。加之器物器型的使用功能、文化属性与大小异同的比较，遗址的整体性质露出了冰山一角。这个以石筑高台为主，连接着多座石围居址，遍布100多座墓葬，簇拥着两千多幅岩画的坡谷，正是远古游牧民族开展祭祀活动的神圣山谷。

那么，是谁在这里祭祀？祭祀台建立和使用的年代离我们究竟有多远？被宰杀的人牲又是谁？问题接踵而来。

从器物与场地的表象看，高台出土的陶器以大为主，石围居址出土的器型以小居多；高台上的祭祀气势宏大，石围里的仪式柳暗花明。二者的关系应该是，石围居址与高台相匹配构成一个祭祀活动的整体场所。

每当举行大型祭祀活动时，高台上是祭祀的中心，祭祀前的准备和其他与祭祀相关的活动，在石围子里举行。每年，伴随着牧民的转场（转移牧场），祭祀活动可能是定期来这里举行的。所以，石围居址的建筑并不那么规矩，看不到正常的日常生活遗存。不过，石围居址前后延续使用的时间较长，它涵盖了高台建成前后的整个时期。只是没有高台使用的那么集中。这也正好解释了为什么高台上的遗存保留较好而石围居址却显得混乱而贫乏的问题。

高台与石围居址出土的石器和陶器虽然众多，但石器却因其长寿耐用，很难担当判定时代的标准器。陶器作为判定游牧文化遗址的民族属性也不是最好的参照物。游牧民族迁徙频繁，且各部族之间混居、互通现象严重。这些都使陶器对于游牧民族的文化和分期，产生了很多不稳定的因素。譬如，制造者是否代表文化核心群体的问题难以辨别。所幸的是，中高台出土的铁器印证了铁器时代的来临。据此综合推测，东黑沟遗址的主体使用年代是战国至秦汉时期。

按照在祭祀活动中杀戮的大多是战败方俘虏的习俗，人牲又一次为我们提供了高台使用者的寻找线索。

谁是征服者？

究竟这个遗址的主人是什么民族？人牲又是什么民族呢？在东黑沟遗址中高台周边发掘的12座中小型墓葬中，我们再一次看到了征服者与被征服者之间扭曲的关系。

在1号墓葬中，一具肢体不全、凌乱无头骨的人牲，被抛在封堆东部表层的卵石下。尸骨一侧虽出有铜挂饰、铜饰、铜鱼形饰、铁刀、玛瑙串珠、陶纺轮等，但都是随身之物。让我们不禁联想到人牲被宰杀前的勃勃生气与仓促赴死的悲凉。墓圹中还殉有一匹马，墓主位于墓底南侧。随葬品有钵、乳丁罐、小罐、圈足杯等6件没有使用痕迹的冥器，5枚海贝、1副铁马衔，还有少量的漆器。

15号墓葬仅封堆内就发现了5处人牲。同样是肢体残缺、散乱，多数带有随身物品：铜带饰、铜刀、铜锥、砺石、骨器等小型工具和饰品，也有单耳罐、钵、壶等小型陶器。墓圹底部东侧有一木葬具，但不见人骨，也无随葬品。北部一个椭圆形的坑中，有散乱人骨。从墓底情况推测，墓主可能被迁葬，椭圆形坑内应为迁葬时祭祀杀埋的人牲，随身携带骨器2件。

12号墓中随葬品丰富，有草原风格的动物纹金银牌饰、铁器、陶器、煤精石珠串等，但人牲却没有一件随身携带的物品。

在此，我们清楚地看到，墓主与人牲不仅是征服者与被征服者的矛盾关系，还有明显的等级差别和不可忽视的文化差异。人牲身上的物饰，不经意透露了他们族群的秘密。墓主们的随葬品也如出一辙，轻而易举地将他们划分到两个不同的族群。同时，王教授再一次将东黑沟遗址的主体年代锁定在战国至秦汉时期。

那么，这一时期都有哪些游牧民族在这一带活动呢？

文献记载，汉代前后，活动在巴里坤地区的古代游牧民族有月氏、乌孙和匈奴。现有的发掘资料证实，在此期间，可能具有东黑沟遗址考古学文化特征的民族是月氏与匈奴。目前，关于匈奴的文献记载、考古发现与研究还是比较多的。月氏的情况却寥寥无几。这是因为，先秦时曾强盛的月氏人，几十年后，在匈奴和乌孙的合击下西迁阿姆河流域，永远地从中国的版图上消失了。

可喜的是，月氏在先秦的文献典籍中留下了身影，如《管子》《逸周书》和《穆天子传》中都提到"禺氏""禺知"，应该就是"月氏"的发音。王国维采用清代何秋涛之说，认为"周（朝）末，月氏故居盖在中国之北……则战国时之月氏，当在中国正北。"周代中国的"正北"方，即今天陕西北部及内蒙古鄂尔多斯高原乃至阴山南北地区。

1号墓葬坑内，在一具肢体不全的人牲四周，散落着铜挂饰、铜鱼形饰、铁刀、玛瑙串珠、陶纺轮等随身之物

墓葬坑出土的带有浓厚游牧民族风格的铜带饰

葬坑出土的银饰品

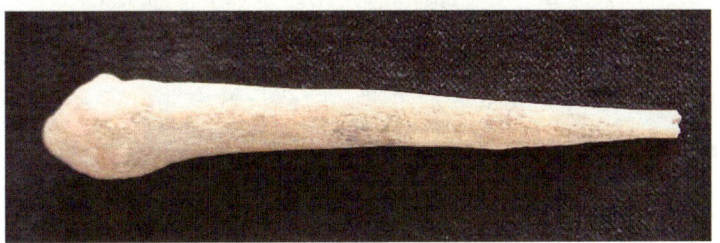

骨锥

与人牲同时出土地的器物,器型与纹饰都与哈密地区公元前 1000 年以来的焉布拉克墓地、寒气沟墓地、艾斯克霞尔墓地、拜其尔墓地等一些遗址出土的器物存在联系,应该代表的是一种在哈密本地延续发展的土著文化。

墓主随葬的动物纹金银牌饰,却不是哈密地区的传统器形,应代表了一种新出现的外来文化。通过对比考证这批墓葬的年代,其上限不会超过战国末到西汉初

一支曾经在北方草原强盛了 300 年的马上民族,何以会消失得无影无踪,不留下任何痕迹?看到过东天山地区岩画的人都不会相信。只是我们现在还看不懂古人写给我们的这份留言。

王建新教授的考古调查证实,类似东黑沟遗址的高台、居址不仅在巴里坤草原地区普遍存在,而且,在阴山、贺兰山、北山北麓草原上均有发现。它们都是与岩画、墓葬并存,好像一个有机的群体。这说明,拥有着与高台、石围相同文化特征的群体,曾经活动在从内蒙中部到新疆东部的沿山草原地带。

战国末年,匈奴的崛起改变了草原地区原有的居住格局。他们从最初的活动中心漠南阴山及河套一带发难,在公元前 209 年至公元前 174 年 35 年的时间里,先是大破东胡王,虏其百姓及畜产;西击月氏,南并楼烦、白羊河南王;后又北服浑庾、屈射、丁零、鬲昆、薪犁之国。到公元前 161 年前,终于逐走月氏。此时,匈奴属地,东到辽河,西至葱岭,北抵贝加尔湖,南达长城南北。东天山地区开始归属匈奴右贤王管辖。

征服者的身影终于浮出水面。

奇怪的是,东黑沟遗址的墓葬特征虽然与匈奴文化遗存大体相近。但是高台、石围居址却难以坚定地同匈奴文化画上等号,或许是一种外来文化与土著文化的交融？或许是征服者对土著文化的简单借用？毕竟这里的发现是一种新的游牧文化考古因素，这一时期的东天山地区是一个文化纷杂、更替的时代。

在我国，对古代游牧文化的大型聚落遗址进行综合考古研究尚属首次。东黑沟遗址的考古发现与研究，为我们探讨古代游牧文化聚落形态和社会、经济形态，特别是探讨汉代月氏与匈奴的考古学文化，提供了十分重要的新资料，而东黑沟遗址的性质也有待进一步的证实。

古代游牧民族由于没有自己的文字，加之文献记载十分有限，史学界对游牧文化没有准确的考古学文化特征可供参考，因此对该遗址民族属性的判定，只能参照极少的文献记载与该遗址的地望和时代相符的古代民族来推断。

可以肯定的是，在发现的链条上，已经锁定了月氏和匈奴这两支一先一后拥有着巴里坤草原的霸主。

古代游牧民族有没有"常住"之所？古代游牧文化是否会留下聚落遗址？这个在我国史学界和考古学界长期失语的盲区，随着东黑沟遗址的发现与发掘就有了肯定的答案。

月氏这个消失的历史民族，在两千多年之后，即将带着他们埋藏久远的故事，出现在中国研究者的面前。

摄影作者：习通源　陈新儒　陈小军　任萌　张蕾

原载《中国之韵》2008年第8期

雾锁凤棺
——吐尔基山探秘
（吐尔基山的契丹迷局）

吐尔基山辽代古墓被评为"全国十大考古新发现"已经五六年了。但是，环绕在凤棺周围的种种疑团，却依然云遮雾绕。尤其是那位身穿时尚罗裙、拥金带银、挟龙唤凤的凤棺棺主是不是一位大辽公主的疑问，仍旧令许多人难以释怀。

她究竟是一位契丹人，还是中原人？她是一桩宫廷阴谋的牺牲品吗？凤棺疑云是否已经一一解出答案？背负着种种期待，在与内蒙古考古研究所传奇式人物塔拉所长电话联系后，我踏上了北去的路。

呼和浩特是一个让我为之振奋的城市，曾几何时，骁勇的游牧民族金戈铁马，在这里创造了传奇般的历史。踏上这方土地，我分明感觉到一股剽悍的气息和炙热的血脉，就流淌在塞外古城的角角落落……

接待我的，是塔拉所长的助手张亚强先生。他不仅是吐尔基山辽墓发掘的亲历者，也是塔拉所长共同的研究者。遵循业内人士"多看少说"的告诫，我简单介绍了此行的目的后，便一切悉听安排。

张亚强是位行动敏捷却话语稀疏的人。一天的时间，他带我参观了正在修复中的凤棺，"拜见"了凤棺的女主人，浏览了棺主的随身"细软"；之后，又前往内蒙古博物馆，逐件"造访"了收藏在那里的吐尔基山出土文物。从现代到远古，又从远古回到现代，我们仿佛穿梭在一条千年隧道中。过眼的一件件文物，带着各自绚目的精彩，在惊异与赞叹声中，伴我们走过千年的封尘。

第二天，在张亚强的办公室，摄像机忠实记录的现场资料与亲历者的讲述，引领我走进那段真实又充满悬疑的日子。

不按惯例出牌的墓主

隆冬时节，内蒙古哲里木盟采石矿炸山修路时，在吐尔基山发现了一条隐在山坡深处的奇异甬道。甬道不宽，却很深邃，径直通向大山深处。引人注意的是，甬道专用的石料不是当地产的青石，而是一种本地罕见的浅红色石头。

接到报案，塔拉所长以最快的速度带领我们赶到现场，眼见的情形令人心痛。……甬（墓）道被铲车拦腰切断，石块垒砌的墓室已经隐约可见，斜刺里还藏着一个张牙舞爪的盗洞。

仔细观察后发现，盗洞并没有被打通，于是，大家松了一口气。

吐尔基山位于松辽平原西端的堆积平原上，距离通辽市50千米。墓葬西临红领巾水库，南眺科尔沁左翼后旗水库行政村，北依哲里木盟采石矿，隐匿在吐尔基山东南面的山坡上。独特的地理位置和长长的墓（甬）道让我们确认，埋葬在这里的应该是一个辽代大型墓葬。因为在内蒙古赤峰地区，除了辽代墓葬拥有墓道外，其他朝代的墓都不存在墓道。

墓道（也称甬道）是下葬时墓主人经过的通道。按照测量和估算，这条穿行在黄土中的墓道残高11米，长48米。虽然两壁由人工堆砌的石墙组成，但是，由于当地土质疏松，造成了清理过程中的多次塌方。印象最深的一次发生在墓道将要见底时，那情景至今想起仍有些后怕。——刹那间，整个墓道壁连土带石块突然坍塌下来。幸好前面的险情锻炼了我们的预警和反应能力，大家得以及时躲闪，才没有发生伤亡事故。望着我们一个个土猴儿般的面孔，塔拉所长着实是捏了一把冷汗。

墓道全景，是经过30天的清理后裸露出来的。两壁由打磨过的石块砌成，用色考究，上墙用黑胶泥勾缝，下墙用红胶泥勾缝，最后抹上白灰。接近墓室处的白灰墙面上绘有动物壁画。左壁和墓门上方的壁画保存较好，造型简单，线条粗犷原始，清一色都是猛兽形象。我们据此推测，墓葬的年代为辽代早期。

这个预测震动了现场所有人的神经，大家开始兴奋起来。

大辽王朝是契丹人鼎盛时期建立的东亚军事强国，通辽是其起源地之一。当年，他们就是从这里的老哈河、西拉木伦河流域崛起，一路驰骋，北起外兴安岭、贝加尔湖，东临库页岛，西跨阿尔泰山，南抵河北和山西北部……或许是历史的疏忽，这个称雄200年的草原民族，突然间谜一般地销声匿迹了。眼前这座辽代墓葬，将会给破碎的契丹历史添上怎样的一笔呢？我们热切地期待着。

2003年，在内蒙古哲理木盟吐尔基山发现了一条隐在山坡深处的奇异墓道

旁边还藏着一个没有打通的盗洞

接近墓室处的白灰墙面上绘有动物壁画

受汉文化影响，辽初厚葬之风盛行，导致高等级墓葬当朝就几乎全被盗掘一空。此事令朝廷十分震怒，下令禁止厚葬，违者杀头！亡羊补牢的结果还是没有改变早期辽墓少之又少的现实。可以说，这个墓是历史馈赠给我们的一个奇迹。

更令人惊喜的是，墓室的门被一块2米多高的巨大封门石遮挡着。

封门石是为了防止盗墓而设置的，相比封门砖更加坚固、牢靠，它的出现昭示了墓主地位的高贵。塔拉所长更加坚信，即将开启的墓室将毫无疑问地属于一位有故事的契丹贵族。

让人头痛的是，移走这块巨石成了一个大问题。

机械设备进不来，炸药使不得，只能靠人力来对付这个庞然大物。像一场拔河比赛，我们全体上阵，20多个人用绳子拖，用撬杠撬，终于将封门石拉倒之后拖出墓道。

然而呈现在我们眼前的却不是期待中的墓室，而是一道隐蔽很好的朱漆木门。尽管下半部分被厚厚的淤沙掩埋着，仍能看见一把锈蚀的铁锁和两排（实际为三排）铜鎏金门钉。

墓室中的朱漆大门

清理墓室门前的淤沙时，塔拉所长指出，该墓曾多次进水。告诫我们要小心清理，并预计，按惯例这里要出墓志。墓志是记载墓主人传记的文字，通常刻在砖、石上，内容包括姓氏、家世、生平事迹以及韵语颂辞等。由于内容真实，我们通常把它作为确认墓主身份及下葬年代的依据。

一想到记载墓主人生卒秘密的墓志就要出现，我们忘记了刚才拉石头的辛劳，不由自主加快了手里的动作。但是，三个小时的清淤工作完成后，等待中的墓志却意外地没有出现。相反，竟清出一些大小不一的铜铃和铜泡。

意外不仅使塔拉所长的预言落空，也给发掘罩上了一层迷蒙的色彩。这个神秘的、不按常规出牌的大辽贵族是谁？为什么不按祖上的规矩行事？他还会在墓中设下怎样的障碍？我们每个人的精神都不由得亢奋起来。

凤棺疑云

由于墓门多次被水浸泡,加之铁锁生锈,为了不破坏其完整,我们采取了整体拆卸的保护措施。

当墓门连同门框一起被拆下来时,大家的心情都紧张到了极点。墓葬究竟有没有被盗过?墓室被水泡成什么样子?桀骜另类的墓主究竟是个什么样的神秘人物?太多的疑问缠绕着我们的思绪。

塔拉的回忆:

墓门刚一抬开,我就第一个站到了墓口的位置上,借着手电筒的光亮向里面观看。搞考古的、尤其是研究北方史的人都知道,辽代墓葬和中原汉代墓葬的命运是一样的,基本上都是早期被盗。这个墓真的能够幸免于难吗?

出人意料的是,我看见一个鲜红的木制棺头露了出来。

彩绘木棺初见

如此绚丽的彩色棺椁,显然不同于以往发现的契丹贵族埋葬方式,难道墓主是一位来自中原的达官贵人?

在辽代贵族墓葬中,极少有棺椁出现。一般都是采用开放式的石头棺床,或砖砌棺床,让逝者仰卧在上面。与吐尔基山相距不远的陈国公主墓,年轻的公主就是同她的驸马并排躺在大石船形的棺床上。还有一种贵族葬具叫小帐,外形像帐篷,死者躺在里面,然后再放到宽大的棺床上,以表示死后仍然住在漂亮的房子里,享受着生前的奢华……

由于墓室一半以上被淤沙掩埋，门口仅剩下一个能供一人出入的小口，为了对墓葬的结构和状况有个初步的了解，塔拉所长派我先行进入墓中探查。

我打开手电，在同事的帮助下，慢慢从小口上面爬进墓室，借着微光扫视这座封闭了千年的地方。

墓室不大，长宽均不足 4 米，近乎于正方形。地面有 1 米多厚的淤沙，四壁皆有壁画。因反复进水的缘故，绝大部分壁画已经脱落，仅在藻井和墓门上方残存了一小部分。藻井壁画的内容是月亮和太阳，月亮图案中绘有桂花树和玉兔，太阳图案中绘有一只金色的三足乌。藻井直径约 1.8 米，中央有一圆洞，应该是镶嵌铜镜的地方，但铜镜已经脱落。两个长方形的耳室位于墓室前方，右耳室的木门已被淤沙推出室外。在淤沙上，残存着一些漂浮上来的器物，由于光线暗，看不出具体的质地和形状。墓室后方，一个色泽鲜艳的彩绘木棺，端端正正的坐落在须弥座状彩绘棺床上，外表相当完整。细看上面精美的图案，我吃惊的发现，竟然是一只只形态生动的贴金凤凰。

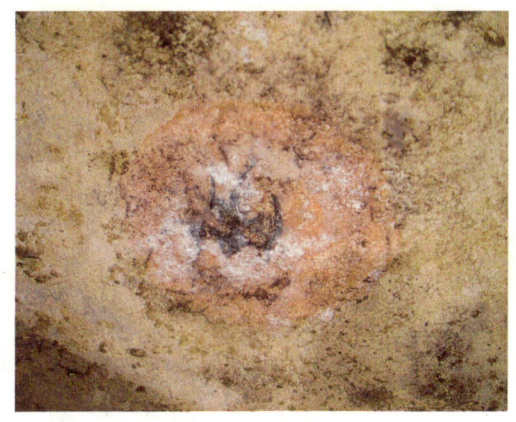

壁画月亮图案中绘有桂花树和玉兔　　　　壁画太阳图案中绘有一只金色的三足乌

彩绘凤棺的发现非同小可。在等级制度森严的年代，凤凰图案是皇家女性特有的标志，普通人哪敢随意使用？！难道这里埋葬的是一位皇家女眷？

初步探查的结果证实了我们当初的判断，墓葬没有被盗！可是，更大的困惑却伴随着凤棺上飞舞的金凤凰扑面而来。

丈量过墓室的尺寸后，坚实的数据与凤棺及其陪葬品产生的巨大反差，令人难以解读。三者排列出来的，是一道异常奇特的方程式：墓室寒酸（小）+ 陪葬丰厚（皇家气韵）+ 葬式奇怪。

这个结论，给神秘莫测的古墓增添上了一层诡异的色彩。墓主人究竟是谁？当朝曾发生了怎样的变故将墓主挤出正常的运行轨迹？凤棺里究竟掩藏着什么秘密？此刻，我们宁愿不吃饭不睡觉，也想尽快揭开所有的谜底。

由于野外不具备开棺的一系列条件，塔拉所长决定，将凤棺运回呼和浩特，聘请专家现场指导，再进行保护性开启。接到指令，我敏感地意识到，快速解密墓主身份的最后希望，就剩下墓室前方那两个耳室了。

第二个预言

伴随着清理工作的推进，墓室中的随葬品开始一一露出头脸。这些明显带有草原风格的辽代早期器物，其精美程度令屡见世面的我们都瞠目结舌。

从墓门左侧淤泥中剥离出来的一副镏金银马鞍上傲然飞舞着鎏金凤凰；一只晶莹剔透的蓝色高脚玻璃杯悠然散发着异国风情；一件鎏金银盒上雕刻着一条腾挪的黄金团龙。

墓室中越来越浓重的皇家氛围给我们带来了更多的猜想。单说那只玻璃杯就是一件来自古波斯的珍品，同类器皿中就连陈国公主都哑然失色。当年除了皇族、后族之外的中小贵族根本无法拥有。尤其是那条金色团龙的出现，是否暗示着墓主与国君的某种关系？居然连高贵的陈国公主都为之逊色，她是谁？

墓室内随葬品

金器、银器、铜器、漆器、木器、马具等的相应出土，让我们的眼睛经历了一场珍宝的盛会。不经意中，竟将一个奇怪的现象放逐出缜密的思维（铜铃的出现）。这是后话，当务之急是要尽快揭开墓主是谁的秘密！

按照惯例，一个有身份的墓主不会不留下自己的墓志，即便不放在门口，也会放在棺木前或耳室里。耳室相当于墓主人的厢房、厨房（墓室相当于正房），在许多带有耳室的墓葬中，耳室的功能或是放置生活用器，或是如壁画中表现的传送酒肉、饮食的地方，再就是放置记载墓主生平的墓志。

于是，我与两个同事打了一场有生以来最玩命的赌。我赌：墓志就在右耳室！

为了保证不被蒙骗，我独自包揽下右耳室的全部清理工作。可是，最终的结果令人沮丧。除了一些瓷器、银器和漆器外，最后出土的铁熨斗和烧骨，彻底"熨平"了我最后的希望。

第二次预言的失败，让我们领略了这个墓耐人寻味的潜力！的确是太诡异，太奇怪了！

龙舞凤棺皇家女？

鞍马劳顿，当凤棺停进考古研究所专门设置的特别工作室后，开棺前的准备工作在紧锣密鼓中有条不紊地进行。

当墓室、耳室和陪葬品都无法说出实情时，凤棺能否揭开墓主身份和墓中的种种迷团呢？审视着这个跨越千年、奇迹般走进现代实验室的奇特棺椁，除了呼之欲出的凤凰图案和外沿上挂满的奇异铜铃，我们找不到任何回应！

凤棺以红色为主色，黑色为辅色；长2.31米，宽1.3米，高0.9米；上面雕刻着仙鹤、凤凰、缠枝牡丹、祥云等图案；其中仙鹤与凤凰为贴金；棺首有一个小门，门上挂着一把铜锁，两旁各绘有一人，浓眉大眼，长发批肩；二人面朝门而立，足尖对着小门，身穿圆领团花贴金长袍，腰系丝帛带，脚蹬贴金箔靴子，手持骨朵。

木棺下面的棺床为彩绘须弥座，长2.56米，宽1.48米，高1.07米，共有八层；上部是镂空的栏杆，栏杆上铸有6只铜狮子，棺首4只，棺尾2只；栏杆下分上下两排悬挂着40颗铜铃；中间部位的两对铜铃上面描有金凤。

6月12日，在国家文物局委派的专家组参与下，开棺工作于十多天的准备工作就绪后正式开始。

当我们小心翼翼移开巨大的棺盖时，意外果然又一次出现。彩棺里竟然套着一个内棺，红色的素面棺盖上，绘着三条金灿灿的团龙图案，两侧各有一对金凤展翅。

龙和凤的匹配昭示了墓主人地位的高贵。既然是皇室成员，为何屡屡违反皇室葬规？不是皇室成员，又怎敢大胆使用龙和凤的皇家图案呢？现场的所有人员都迫切地想要揭开这个谜团。

在大量丝织品的包裹与覆盖下，墓主终于云遮雾罩地露出了轮廓。仔细查看，头部似有金冠、脚部坠有扎成花朵状的铃铛……为了更好地保障文物安全，我们借用 X 光机对棺内的情况进行了一次摸底透视。

陪葬品分布在头部、胸部、手部和脚部。奇怪的是，大量类似锈蚀的黑点聚集在胸部，这个情况是我们以前从未遇到过的。X 光机还让我们了解到：墓主的骨骼健康完整，钙质沉积非常密实。专家断定，她是一位健康年轻的女性，年龄在 20 上下。

直到 6 月 14 日内棺从凤棺中分离出来，我们与墓主的会晤才真正撩开了面纱。原来 X 光机中看到的条形圈套不是金冠，而是一个装饰着凤凰图案的黄金头箍。令人不安的是，戴着金箍的头骨和附在上面的皮肤都是黑色的，黑的阴森恐怖。随后又发现，墓主不仅全身骨骼均为黑色，而且，大量聚集在胸腔的、类似锈蚀的黑点就是制造这黑色的元凶——水银。

水银的出现，给墓主身份的求证带来血腥的气息。历史上虽然曾有用水银保护尸身的先例，但是，像这样大量使用水银并改变了骨骼颜色的，还从未见过。难道这个不明身份的皇家女子死于非命？华丽的服装、贵重的首饰与累累黑骨形成了强烈的反差。

墓主身穿 11 件衣裙，其中前 6 件为带袖的团衫，系如意扣；后 5 件为无袖罗裙，款型时尚、纹饰精美；尤其是第 7 层罗裙，保存完好，黄色的团凤图案（每团 2

墓主穿的非常时尚的无袖罗裙

只）清晰可见，带有明显的晚唐风格。这些丝麻织物的衣裙，虽经千年侵蚀，遭遇数十次水患已经褪色，但衣料上金线勾勒的凤凰图案依然清晰可见。

头发保存完好，两根辫子盘于头顶，包裹在贴金纹饰的丝织品中，外罩一件金箍，金箍上的花鸟纹饰细腻精美，外层戴有棉帽。头两侧各有一个带流苏的金牌饰，上面雕有牡丹和祥云图案。

佩戴摩羯形龙首鱼身金耳坠一对，由玛瑙、黑水晶、镂空金球穿成的组合式项链和带香囊的玛瑙项链三条，双龙首文饰金手镯一副、玛瑙手链一副、金戒指5枚，样式是与契丹同时期的唐代最流行的款式（今天依然时尚、流行）。其中，一枚镶嵌着透明石材的戒面上，伏着一只背驮绿松石的金龟；3枚戒指的戒面上有造型逼真的金蟾蜍。不夸张地说，所有随葬品都贵重、华美得令人惊叹。

摩羯形龙首鱼身金耳坠

龟形镶绿松石金戒指

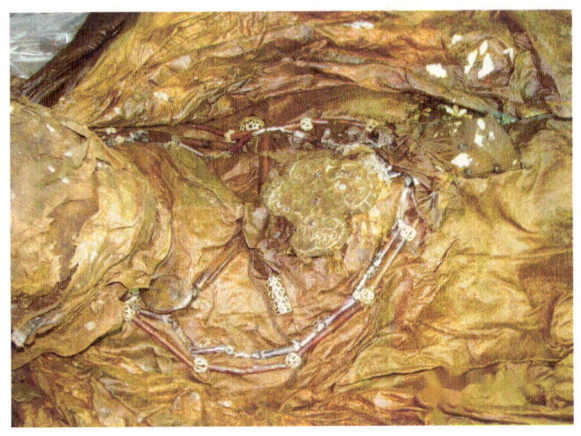

由玛瑙、黑水晶、镂空金球穿成的组合式项链和带香囊的玛瑙项链

金手镯

金杯

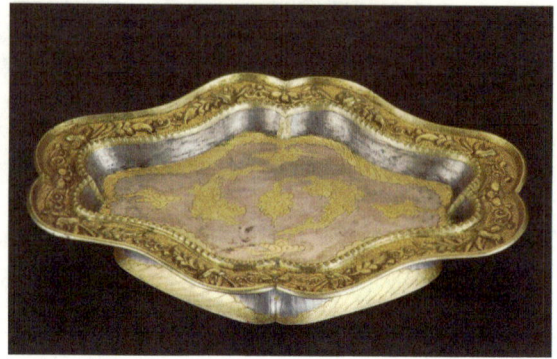
金花银盘

鎏金银壶

在她的脚和膝盖处有几个球形铜铃,脚踝部放有金针、针线包、金耳勺等。左脚边有一条缠绕规整的绳子(后证实为鞭子)……

由于丝织品严重糟朽,在较短的时间里迅速剥离十分重要。为此,我们和专家组的先生们,从14日早上一直工作到15日凌晨4点半,终于将棺内的丝织品和随葬物品全部清理完毕。

专家们发现,曾经辅佐过契丹第一任皇帝的宰相耶律羽之墓中的首饰,与吐尔基山墓主人相比,虽然形状接近,制作工艺却相去甚远。难道这个无名墓主的身份比宰相还要高?在等级制度森严的王朝中,除了皇帝,还有谁会比一个宰相的地位更高呢?

塔拉的回忆：

当墓主那件镶嵌着左日右月金银饰牌的袍子被脱下来时，我的心被牵动了一下。金牌上的三足乌、银牌上的玉兔桂树图案，与墓葬中藻井上的壁画图案完全一致，这在其他辽墓中从未出现过。棺内、棺外和墓室中大量出土的铜铃预示着什么？鞭子的出现让我隐约感到一种暗示。但是，作为一名考古工作者，在下结论时，是要有考古实证为依据的。

考古工作的魅力就在于解读一个个谜团。吐尔基山辽墓的疑点环环相扣，的确让人流连忘返。壮观的墓道匹配窄小的墓室，龙飞凤舞陪葬丰厚却非皇室葬式，地位显赫不愿留下姓名，衣裙华贵却黑骨惊魂，佩金戴银又孤身寡葬……疑点之多举不胜举。这个显赫的女人究竟是谁？她与皇室是一种什么样的关系？在她的身后是否隐藏着一场血腥的宫廷政变？历史虽然默认了她的藏匿，但是我们却不希望她的死成为千古之谜！

我们将研究的重点，锁定在辽代其他皇族墓葬中没有发现过的器物上，并将墓主的相关遗留，送往吉林大学边疆考古研究中心，进行科学鉴定。

宫廷政变的牺牲者？

当吐尔基山辽墓入选十大考古新发现时，一些二线考古研究者也加入了我们研究求证的行列。

作为辽史研究方面的专家，北京市文联王德恒先生从吐尔基山辽墓被发现起，就一直在关注着这个身份显贵却怪事连连的契丹皇室女子的命运。随着众多高级别随葬品的的出土和相关资料的公布，他认为墓主人应该是辽太祖耶律阿保机的孙女、东丹王耶律贝的女儿阿布礼。

阿布礼是一位充满传奇色彩的公主。由于她的父亲耶律贝没有当上皇帝，所以，在辽代的公主簿册中并没有她的名字。当年，阿布礼的爷爷耶律阿保机去世时，皇后述律平由于不喜欢大儿子耶律贝，便发动宫廷政变，废掉了耶律贝的太子地位，让二儿子耶律德光当了皇帝。

耶律德光（辽太宗）常年征战、病故他乡后，阿布礼的哥哥耶律阮被推上王位。哥哥当了皇帝，妹妹理应被称作公主，虽然辽史中没有正式策封阿布礼的记载。

受旧贵族的影响，阿布礼和丈夫萧翰想要恢复旧制，便联络诸王大臣准备谋反。

耶律阮（辽世宗）及时镇压了叛乱，在处死萧翰后，含泪将妹妹送进监狱。不久，阿布礼死于狱中。

王德恒先生认为，对于吐尔基山辽墓这种级别的墓主，就得在皇室成员中寻找。作为辽世宗唯一的妹妹，阿布礼是最能抚平各种怪异现象的不二人选。年逾20，公主之尊，获罪下狱，死因不明。正好解释了墓穴简陋、随葬奢华、水银缠身、匆匆下葬、隐名埋姓、孤身寡葬的种种奇怪现象。

但是，多年研究契丹史的专家王大方先生另有不同见解。作为自治区文化厅的干部，他曾多次来到现场和我们一起经历了发现的过程，彩棺中提取的铜铃和鞭子，以及前期出土的银号角，让他产生了一个大胆的猜测。这么多神职人员使用的东西集中出现，会不会暗示我们墓主是一位萨满巫师？

萨满教是人类最原始的宗教，曾经盛行于中国北方草原的许多少数民族中。萨满教中的神职人员被称为萨满，是人与神灵沟通的媒介，多由女性担当。在《辽史·礼志篇》中就有这方面的记载：契丹人信奉萨满，他们称之为巫。

苦寻数月，王大方终于找到历史依据。根据《辽史·公主表》记述，辽太祖耶律阿保机与皇后述律平惟一的女儿质古公主就是一位女萨满（奥姑）。在大辽218年的历史中，同时具有公主之尊的的萨满，只有质古公主一人。

质古公主的婚姻，是契丹皇族最理想的甥舅联姻。也就是说，她嫁给了自己的亲舅舅、皇后述律平的弟弟萧室鲁。不幸的是，萧室鲁参与了皇弟剌葛发动的叛乱。叛乱失败后，萧室鲁自杀，不久，质古公主病亡。

王大方认为，在巨大的政治风波中，即使是皇亲国戚，也会受到严厉制裁。所以，质古公主的死因另有隐情。耶律阿保机念其父女之情，一方面希望女儿的灵魂能够得到解脱，另一方面又要隐瞒真相，秘密修筑一座墓室，将女儿与生前喜爱的物品一并入葬，也是人之常情。驸马萧室鲁是叛乱的罪人，不让他与质古公主合葬一处，不写墓志铭，尽在常理之中。同阿布礼相比，质古公主幼为奥姑的经历似乎却更接近吐尔基山墓主的身份。

王大方的分析虽然丝丝入扣，然而，吉林大学边疆考古研究中心人类学研究室的检验结果却从根本上否定了这两条路径。

人种成分分析结果表明，吐尔基山墓主的种系归属为北亚蒙古人种，拥有纯正的契丹血统；骨盆、牙齿及椎骨的综合分析，年龄为30至35岁之间，身高1米59；同时出具了这个神秘女人的头部复原图。

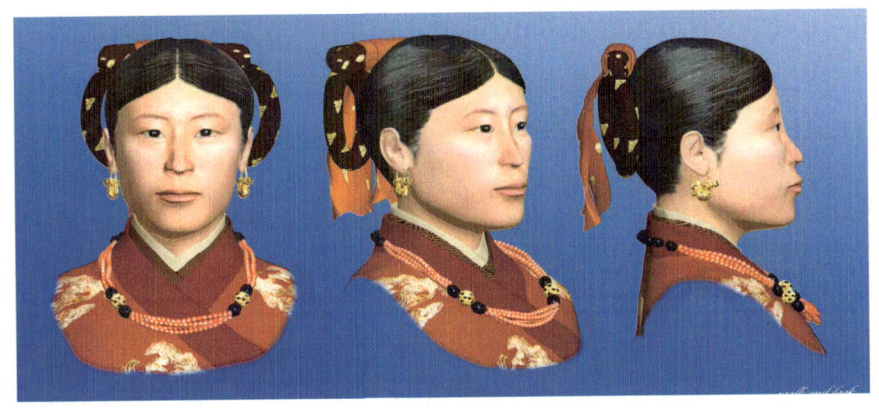

墓主的头部复原图

残酷的是,阿布礼和质古两位公主都是有着异域血统的女子;她们去世时都在20岁左右。随后,尸骨医学鉴定的结果也回来了,确认墓主为死后灌入的水银,排除了他杀的可能。至此,我们的寻觅进入了一条相对闭塞的通道。

巫师的神秘符号

当我们再一次把目光投向那些特立独行的随葬品时,希望的大门在冥冥之中正向我们开启。

重新审视挖掘中的所有细节,我们发现,铜铃铛出现的概率最高。彩棺上的装饰、墓中的随葬品,就连墓主的脚踝上都挂满这种奇怪的东西。除此之外,还有一类与艺术相关的物品数量众多,例如鎏金铜铎、鎏金铜长铃、银角号……而且,在鎏金铜牌饰上,带有乐舞的图案众多。如击鼓、吹笛、吹笙、吹排箫、弹琵琶、舞蹈等场面。更有甚者,在两条做工精美的腰带上,一条绘满乐器演奏的

内蒙古博物馆展出的女萨满服装

场面，另一条绘有多民族的舞蹈场面，这种现象在辽代墓葬中极为少见。

铃铛与乐舞有着什么样的联系？它们的出现在暗示着什么？一个普通乐师或舞者绝不可能拥有如此数量的精美随葬品！其中一定蕴含着更深的含义。

经过几年的调查取证与资料整合，我们终于能够以确凿的证据证明，墓主是一位具有政治背景的皇家御用萨满巫师。

萨满教崇尚自然，相信万物皆有灵性，因此，日月星辰都是他们崇拜的对象。墓主衣服上的日月金银饰牌，与墓室顶部的壁画相互呼应，正好对应了这种宗教思想。凤棺上的鎏金铜铃和墓主脚踝上的铜铃以及银号、神鞭，是萨满唤神驱邪、施法斗魔必不可少的工具。这些推测在契丹人后裔达斡尔族聚集的地方，都找到了印证。

如今的斡尔族人，依然信奉萨满教。虽然跨越了千年，但是传承的力量让我们看到了远古文化的魅力。在现代萨满巫师的身上，我们找到了那些曾让我们困惑的神秘图案和佩饰。……法服上耀眼地左日右月图案、类似金箍的头冠、身上坠满铜铃的神奇舞姿，银号、铜鼓、神鞭……；这些组成萨满文化的神奇符号，通过一代又一代萨满，将信息传承到今天，成为我们破译吐尔基山辽墓的活字典。

在辽代宫廷中，专职的御用萨满已然融入朝廷大事与皇室生活，何时娶妻生子、何时出兵打仗、何时颁布新法，都要经过萨满占卜后方能进行。尤其是在军事活动中，萨满享有至高无上的权利。因为，她代表的是神的旨意。

塔拉的注解：

为政治或皇家服务的萨满巫师，身份当然不一般。重大决策的决定权往往交给萨满巫师做最后的裁决。萨满是替天来行使选择的，只有她能跟天说得上话，告诉你众生所不知道的事情。生老病死、行军打仗、国家建设、重大国策，都由她来跟天说完话以后，再由她转达给帝王和百姓。

一位能够与天对话的萨满巫师，怎么会把名字留在凡间！只是墓室简陋和龙凤图案的问题依然令我困惑。

塔拉所长告诉我，在整合所有辽代墓葬出土资料后发现，吐尔基山辽墓与辽代中晚期墓葬相比，墓室是显得窄小寒酸了一些，但是与早期墓葬比，却实属豪华。48米长的墓道，石料全都来自远方，这需要多少人力和物力！精美的彩棺也不是普通工匠能够制造出来的，棺床的八个叠层象征着契丹的八个部落，三个葫芦为三年一开会等寓意，需要的不仅是权利的支撑。

龙凤图案的运用与下葬的年代有关。五代时期，契丹人对中原文化的引进还没有那么深入，所以，早期制度并不严格，一般贵族就可以使用龙凤图案。这一点，在发掘过的辽代墓葬中已经找到对应。

作者（左二）与内蒙古考古研究所所长兼内蒙博物馆馆长塔拉（左三）等人合影

困扰数年的疑团一旦破解，竟然这样简单直白。但是，我们分明看到，它为辽代早期与中晚期丧葬制度划出了一条界河，极大地丰富了研究者对辽王朝的认识。从这个意义上讲，我认为墓主的确是一位大神！

> 冬月时向阳食，夏月时向阴食。
> 若我射猎时，使我多得猪鹿。
> （一首流传至今的契丹民歌）

归途，耳畔隐约响起来自遥远年代的这首牧歌，多像萨满巫师口中念唱的箴言……

2011年4月完稿于北京燕莎后

封土下面的狂野战争

> 过去的一年里,全球地上和地下的文物交易额估计超过 800 亿美元,仅次于毒品和武器交易的高额利润。中国、埃及、希腊几个文物输出国的文物流失呈上升趋势。而在中国的所有流失文物中,盗墓的获得估计比例接近于百分之百。
>
> ——联合国教科文组织高级顾问霍顿 2006 年语

当第一声爆炸伴随着震荡把村民们从睡梦中惊醒时,许多人都以为地震了,纷纷跑出家门。后来,可怕的事儿就接二连三地发生了:三三两两的陌生人不断出现在田间地头;深夜,村东头的地里此起彼伏的爆炸声;放水浇田时,有人发现流进地里的水神秘地消失了;再后来,夜空中传来尖锐的枪声……

2004 年夏天,盗墓以一种前所未有的方式,在陕西省韩城市郊区的梁带村拉开了序幕。

村民梁普会是个高大健壮的汉子,他有两个朝霞般灿烂的女儿和一个贤淑能干的妻子。参加村民巡逻队是他自己的主意,老祖宗既然在地下埋藏了好东西,他就有责任保护它们,犹如捍卫自己的家庭。

每天晚上,他和队友们倒班巡逻,不是前半夜,就是后半夜,因此只能睡上半个觉。玉米长到一人高时,只听到爆炸声响,就是找不到人和盗洞,巡逻队只能排着队,举起手电一行一行地在地里搜。不到两个月的时间,他们遭遇了十几起有组织、有计划的团伙盗墓,克尽职守的巡逻队员们,在公安人员的支持下,令盗贼全都空手而归。

考古队长孙秉君回忆说:刚来梁带村调查时,盗墓贼就跟在你身边,每天晚上都要来好几拨子,四周爆炸声不断,没有点胆子,早就撤退了。

老梁和他的家庭受到了盗墓者的威胁，伴之而来的还有金钱的利诱。老梁的决定是，家庭、孩子、责任、气节一个都不能丢！这片土地不仅勾连着他与祖先的血脉，还有好男儿守土的胆气和尊严。

在实行军管前的一年时间里，全国有数百个盗墓贼光顾了这个名不见经传的小村子，村民们和沉睡的大地，都深深感受到了涌动在封土下面那狂野的寻觅。盗贼何以如此疯狂？巨大的经济利益揭开了其中的奥秘。幸存下来的，是两周时期拥有800多座墓葬的芮国贵族和贫民的墓地（古史记录中梁国的领地）。

中国反盗墓斗争中这个成功保护的孤例，再次以震撼的方式向世人披露——中国盗墓史上声势最为浩大的盗墓活动正在进行时。

一则办公室笑话，揭示了目前在中国民众中普遍升腾着的"盗墓"情结。

早晨，安脸色惨白地走进办公室。同事诧异，惊问大美女为何如此，答曰：在网上看惊险盗墓小说到天明。众人大笑。一旁的茉茉打援：我儿子放假时也在网上看盗墓小说，吓得整夜不敢关灯。我想，至于吗？便放马南山地上去看了一下。结果，我们家彻夜灯火通明。

盗墓堂而皇之地成为互联网上热炒的内容和人们街谈巷语中的话题，如今已不足为奇。重要的是，为其推波助澜的是盗墓者们量化了的"业绩"。

联合国教科文组织高级顾问霍顿指出，在中国、印度、埃及三个文物输出大国中，中国几乎拥有着盗墓者在全球古墓中需要的东西。确切统计表明，在全球47个国家的218个博物馆中，中国文物就有163万件。这个数字仅仅是全世界所有私人收藏量的十分之一。

数量如此庞大的中国文物从地下走到地上，又从地上走出国门，其背后支撑着的是一条体系庞大的产业化链条。显而易见，盗墓这个古老的幽灵，在经历了20世纪50至80年代的衰亡期后，借助产业化还魂，又奇迹般地回到壮年，成为我国目前面临的一个十分严重的社会问题。

金字塔下的聆听——对话"盗墓贼"

他们是监狱大墙里的服刑者，也是期盼着一夜暴富的农民、城市无业游民和下岗工人，其中不乏少数吸毒者。如果把盗墓产业链比为一座金字塔，那么，这些曾经活跃在田野里的一线盗墓者就是支撑起金字塔的底层基石。并且，让我们在阳光反射的阴影下，看到了产业链的顶端。

盗者有"道儿"

牵牛、吴平、张广福和老籍，是四个刑期10年以上的盗墓服刑犯。

那天，小雨淅淅。为了方便大家，也为了放松谈话气氛，我选择了集体对话的方式。

当一声声"报告"的请求由管教干部答复过后，四个身穿囚衣的盗墓人站在了我的面前。一眼望去，除了49岁的老籍之外，其余三人都是外貌朴实的农民。三比一，这个无意间出现的数字正好与资料显示基本对应，农民已经成为盗墓大军的主体。

选中他们作为谈话对象纯属偶然。可是谈话结束时，我却发现自己的确是福星高照，因为在十多个候选人名单上无意点中的这几人，恰好代表了一个盗墓基础产业链条的完整单位。

说来很是有趣，盗墓这个行当，发展到今天这种大工业般产业化的规模，文化却亦如当年大山里的土匪，流行着道儿上的语言和称谓。"掌眼""支锅""腿子""下苦"这些古怪的名词，是一个盗墓基础产业链条中的人员称谓和基本建制。

一次盗墓活动的全班人马统称为"一锅儿"，锅子里级别最高的是"掌眼"，又被称为大哥。大哥可是这"锅"人马的灵魂，不仅具有找寻古墓的本领，也有着鉴别文物的能力。他们既可以是提供古墓线索的合作者，也可以是提出买断该"坑"出土文物的初级收购商，还可能同时兼任"支锅"。

"支锅"是每一次盗掘活动的老板，也被圈儿里称作小老板。盗墓前期投入的资金、设备，以及后期工人的工资都由他来筹措。挖出的文物如果没有被掌眼或投资人买断，全部归他自行处理。

"腿子"是盗墓活动中的技术工人，成熟与经验使他们大多成为老板的亲信。老板不在现场时，"腿子"有着绝对的权威。

最底层的是"下苦"（干活的）。"下苦"就是民工，又被叫作苦力。通常，"下苦"们挖一个墓只能得到几百元或千元的报酬，哪怕老板收入达到千万元。社会地位无情地在淘金者中划出一条鲜明的鸿沟，"腿子"与"下苦"们通常是清一色的农民，信息、知识和社会关系的不对等，使他们很难逾越这条看不见底的沟壑。

言归正传。

"下苦"的牵牛是山西运城地区的农民,年近40岁的他上有老下有小,日子过得很不松心。农闲时,村里一些人常去外面打工,说是跟上有本事的人挖墓挣得不少,管吃管住,还不拖欠工钱,牵牛也动了心。秋收之后,忙完了地里的事,就跟着有经验的乡党出门了。

挖墓的活不算苦,只要出力气,什么事都不用自己操心。白天睡觉,晚上干活,有点儿像地里的鼹鼠。让牵牛心里没底的是这件事犯法。乡党告诉他说,别怕,老板一般都有些关系,出不了事。万一出了事,就算老板不拿钱去平,只要你手里没拿着文物,法院就不能判你,顶多拘留十几天。

乡党说得不错,牵牛真的被抓了两次,每一次都是关满拘留期就放了。于是,他开始大起胆子学技术。如果能当上技工,不但挣钱比现在多,运气好了,自己碰上个古墓,全家人这辈子的吃喝就都有指望了。很不幸,就在他们挖空了一座古墓入住旅店后,一觉还没睡醒,就被公安人员给连锅儿端了。牵牛说自己只是个从犯,手里又没拿着文物,法院判得不公。

张广福是四个人中间年龄最小的,"腿子"也是他生活中的绰号,缘由是他喜食各种禽类的腿。他爱耍小聪明,领刑13年,却一脸无辜地说自己头一回盗墓,既不是在文物保护区内,也没有盗着东西,他冤枉。直到单独面对时,才讲了点儿真话。

盗墓一般选在秋冬两季的农闲时节,一是这时候地里人少,"干活"(盗墓)不容易被发现,二是天寒地冻地气小,爆炸后,人在井下不易出危险。通常,盗一个墓需要两到三个民工和一至两个技工,时间是三到五天。炸和挖最少需要两天,而"取货"就在一夜之间。先进的定位仪器和爆炸手段提供了快捷的方法,却无法完全取代人力,所以"腿子"和"下苦"一时半会儿还不会失业。

盗墓的活很苦,也很危险。炸出的竖井里充满着硝烟,性急的人当天下去,没有一个能活着上来,即使戴上防毒面具,也不行。所以,爆炸之后,必须做好伪装。第二天再去现场时,要带上绳子和头灯,十几米深的竖井,黑洞洞的只能容一个人上下。在竖井中央开凿斜井时,起初人就像坠在悬崖上的石子,没处抓、没处拽的,打进斜井后,人又变成打洞的老鼠,上下伸展不开,有时墓坑里弥漫着"臭"(腐)气,让人头晕目眩。可一个墓挖下来,撑死了也就挣上几千元。

圆形盗洞　　　　　　　　　　　　方形盗洞

最初，他也是从"下苦"做起，成为技工，经历了许多磨砺。他学会了用炸药，还掌握了探墓、测墓、挖探井和到坑里取货的技能，成为凌驾于苦力之上的人。他喜欢别人对自己客气有加的样子。因为，资金和目标确定后，技工就成为（盗墓）现场的主角。被抓的风险虽然时时存在，可是干完一单活就拿钱的诱惑足以令他铤而走险。

老籍是个另类的"支锅"老板，他与众不同的地方就是从来不去盗墓现场和文物市场。一个墓找定后，他会请最好的技工，给出最好的价钱，然后自己便悄无声息地躲在家里等候消息。除了新换的小灵通，一锅人根本找不到他的踪影。但是，他还是栽了。公安人员恰好在交接文物的当口收网，就是长着铁嘴钢牙也辨不出个清白。正应了那句话，狐狸再狡猾也斗不过好猎手。苦笑过后，他露出一点真诚。

收缴的部分盗墓工具

"支锅"的活儿得有章法。没有锅，你就是有粮，也吃不到嘴里，所以支锅人首先得有钱。找线索是支锅人的首要任务，有了确切目标后，要请"掌眼"帮助验收，然后马不停蹄地选好技工和民工。选中的人既要安全可靠，又要干活稳妥，还得懂得道儿上的规矩。所以，只能去道儿上找。价钱也至关重要，大墓有大墓的价钱，小墓有小墓的行市，清代墓与汉代墓肯定不同。还有"生坑"（没被盗过的墓）、"熟坑"（曾经被盗过的墓）、吃水（出水）、不吃水等等。采买器材和炸药也是"支锅"职责，炸药是国家明令禁止的违禁品，所以还得去道儿上求。仅凭这一点，就足以使千百个老籍们离不开这个"道儿"上的道儿。一单活干完，无论这一"坑"出货（文物）还是没出货，价值高与低，"支锅"都得向合作者支付事先谈好的价钱。

"如果人家一看东西好，不给你了怎么办？"我提出疑问。"不会。行有行规，除非他不想在圈子里混了。"老籍眼睛里闪着凌厉的光。

后来听说，如果谁违反了游戏规则，报复性的举报就会把蓄谋已久的交易变成一次毁灭性的警察抓小偷游戏。

与牵牛三人不同的是，吴平不是道儿上的人。虽然已经服刑三年，看得出，他至今未能从被抓时的懊悔中解脱出来。都说盗墓发财快，只有盗过，才知道江湖险恶，他的话语中闪烁着玄机。

"早知道判得这么重，你就是打死我，我也不去盗墓呀。"吴平的开场白足以引起听者的同情。"村里打井时挖出些砖瓦片，全村人都去看了，后来听说挖到了宝贝，大人小孩就都带着家伙什一起去挖。"吴平中了头彩，挖到一个带花的饭碗，有人说是清代的，也有人说是明代的……第二天，方圆数里就传开了，吴平的碗值100万元。吴平一家既高兴又害怕，连夜凑钱送他到西安去卖碗。满以为这下圆了发财的梦，谁知碗没卖成，却遭遇了一场劫难。

在文物市场，摊贩和老板们有的说碗是假的，有的嘲笑他开出的50万天价是痴人说梦，只有一个人悄悄对他说："1万元我收。"吴平赌气回到旅店，上趟厕所的工夫，放在客房里的行李就被人翻了个七零八落，幸亏他把碗缠在了身上。

被捕后吴平才知道，那只碗是国家二级文物，他开的价贴谱。否则为何判他十年？想不通的是，文物在他手上时怎么就不值钱？

贩者无疆

穿过蜿蜒狭窄的胡同，来到西安市著名的文物市场八仙庵（宫），尚未跨进标志性的牌楼，一幅红红火火的景象就跃然眼前。店铺充斥了每一个房间，仍嫌不够，院子里所有的空地上都布满了摊贩，好像是一个商贩们自己的聚会。客人只能在他们的缝隙中缓慢穿行，脚下若不小心，就有可能踩到地上的"文物"。

西安八仙庵文物市场

从前这里是个道观，因为出了一个传奇的跛脚算命先生而著名，香火很旺。不到十年的时间，文物商贩们就把它变成了一个与北京潘家园古玩市场齐名的文物市场。

熙熙攘攘、热闹非凡的，从早上9点到下午5点，你会惊奇地发现，偌大一个市场竟然没有几桩像样的生意成交。买卖不赚钱，干嘛那么起劲儿地摆摊、开店呢？原来，地下文物的流通，中间商扮演着不可或缺的角色。

一位店老板赌气般的话语似乎有些耐人寻味："别看来的人多，没有几个懂货的，上来就摸假的，你说我能给他真东西看吗？"看来，懂货的人并不常来，真正的古董也不是谁来都能看。据说，这里完成了全国地下出土文物20%以上的初次上市交易，藏龙卧虎应该是八仙庵不言自明的秘密。

神勇的公安干警们在审理盗墓案件时发现，在贩卖文物的环节中，中间商是最小的老板，而在连接盗墓的环节上，他们又是最大的老板。奥妙就在这小与大之间。

白广城就是这样一个忽大忽小的老板。

在监狱大墙里，能访问到白广城这样拥有店铺的坐商，实属不易。远离犯罪现场，与盗墓者若明若暗的关系，都使他们拥有了更多洗白自己的机会。所以，他们能够理直气壮地说："英雄不论出身，古董不问出处，国家博物馆也是按照这个潜规则收购文物的。"

"别看我在文物市场开着一家小小的店面，充其量只是一个二道贩子（中间商），挣大钱的是上面的大老板。"他自嘲说。

像大多数犯人一样，他一脸无辜地否认犯罪事实，声称自己不该受此重罚。他的辩护词是："我只是借钱给一个朋友，并不知道朋友拿钱去做了什么。"针对这个问题，公安局刑侦八处大队长韩清龙的话道破了他们的天机："（为了保证货源）一般的文物贩子（中间商），手里都控制着几个'施工队'（以'腿子'为首的盗墓群体），他们有的长期包养着'掌眼'为自己寻找古墓；有的与一些专业盗墓的'支锅'小老板们保持着稳固的合作关系。一个被包养的'掌眼'月薪可以达到上万元，而有经验的'腿子'发现一个墓坑，只能得到几百元或上千元。不管是多是少，这笔钱都出自中间商老板的腰包。"

职业盗墓人穆子证实说，目标找准后，"施工队"由"掌眼"或"腿子"带队前往盗掘。盗掘的前期资金由老板（文物贩子）预付，美其名曰"借"。挖出的文物悉数归老板（文物贩子）。劳务费是事先讲好的，无论出土文物价值多少，说好的价钱不能变。很清楚，在这种运作模式里，文物贩子实际上就是暗地里出钱给盗墓者"支锅"的老板。

北京的潘家园和西安的八仙庵（宫）是全国两个著名的古玩市场，但完成的却是两个不同阶段的使命。八仙庵主营地下出土文物初次上市的交易，潘家园侧重三、四级市场的倒手交易。按照接近盗墓者一端价格低、远离盗墓者一端价格高的原则，西安的出土文物卖价低于北京和上海。白广城说，一件雕有朱雀、白虎的四神汉代瓦当，当它拿在当地农民手里时，中间商的买价是几十元到几千元，而到了中间商手里（二级市场）就能卖到几万元，再转到北京、上海大老板手中时（三、四级市场），身价已经涨到了十几万元。又如一件锉金器，当它从农民手上收来时只有30元，而倒过几手后，就卖到了几百万元。

北京潘家园古玩市场

一手地下文物，无论在谁手上，都是一块烫手的山芋，它像一颗定时炸弹，随时都可能暴露刚刚完成的盗掘。所以，文物到手后，"支锅"老板最关心的就是尽快找到安全稳妥又出手大方的买家，这样才能保证一干人马的安全。

走私出境是他们惯常的做法，其好处一是隐秘，二是快捷。

产业链带来的快捷究竟能快到什么程度呢？白广城描述说："盗出的'好东西'（文物）一小时就能出手；三天的时间包括二次倒手文物出境；如果是一条龙不倒手的话，两天到达境外。"只需两三天的时间，文物顺利出关，盗墓者就可以永远逍遥法外，何乐而不为呢？！

文物出境的路是畅通的，一条通过广州、深圳海关；另一条是先将出土文物汇集到河南、陕西、甘肃的几个内陆文物集散地，之后取道香港、台湾再次集散，运往世界各地。出关的办法很多，有个人夹带、快件邮运、集装箱夹藏，大批量、多品种走私时，还贴上"出口艺术品""展览品"的标签掩人耳目。

这些神通广大的文物走私者是谁？如何能在公安人员的眼皮底下将违法的活动重复了一次又一次？我希望白广城也能给出一个明白的答案。他婉转地回答："北京、上海、广州都有，说白了也是一些中间商，其实在他们上面还有更大的老板。只要有钱赚，再远的地方，再大的物件，都不是障碍。"

一则网上消息支持了白广城的说法。英国警方在海关查扣了一批走私的中国文物，数量多达14000多件。这些从商代至明清时期，跨越3500年时空的珍奇国宝，整整摆放了三间屋子，足够创建一个相当规模的博物馆。

令老板们伤神的是，近年来突飞猛进的盗掘速度带来的文物价格贬值。白广城举例说，由于出土的"东西"太多太快，一些品种的贬值相当惊人。例如，一件汉阳陵的裸体陶俑，国内原来可以卖到15万元，如今两三百元就搞定了，境外价格也由原来的几十万美元跌落到六七百美元。那么，究竟多少盗墓人口才会带来这么大的市场波动呢？白广城的回答令人吃惊，又不置可否："中国目前有十万盗墓大军，平均每天有1000件地下文物问世。"

据海关总署监管司官员披露，十年中，仅深圳、广州海关就查获走私文物5万件，这个数字是在对出境货物5%的抽查中发现的，按照这个比例换算，我国每年走私出境的文物数量惊人。可悲的是，这个冗长的数字比白广城提出的盗墓产量还要高出三分之一。

水"深"水"浅"

坐在五星级饭店拍卖会上，谁都不会去联想，眼前精美绝伦、身价不菲的文物，与钻在漆黑盗洞里灰头土脸的盗墓贼有什么关系。但是，哗众取宠也好，匪夷所思也好，这种关系却切切实实地存在着。

一个国际市场的平台，给中国古墓盗掘和文物交易提供了全球化土壤。产业链就像一架庞大的机器，把散落在世界各地分散的盗墓活动，组合成强大有序的生产运动。800亿美元的年交易额，有赖于从产到销每一个环节的顺畅自如。人们不禁要问，指挥与操纵这架机器的究竟是些什么人？

"大老板。"职业盗墓人穆子的回答与白广城一样。"在监狱的大墙里，你永远别想找到他们。"他随即补充说。

穆子是道儿上的"大哥"，20多年的盗掘经历，塑造了他强健果敢的外表。他研读过《洛阳县志》关于家乡孟津、东关、白马寺一带居民十有九户盗墓、一家三代盗墓的历史，能够如数家珍地历数各朝各代珍奇文物的特点，知道"生在苏杭，葬在北邙"的古人时尚之风、古墓与河流的关系……也敢振人发聩地呐喊："说我们是盗墓贼，我不服！"但是，从"苦力"到"支锅"，虽然身份和地位不断改变，却始终无法进入真正的老板行列。

每年秋冬两季，数以万计的农民离开家乡，加入中国历史上最波澜壮阔的盗墓大军中。这支队伍里，有自发盗掘的农民、由老板控制的施工队性质松散群体、专业盗墓人、拥有资金的组织盗墓者，"十万之众"的说法绝不是空穴来风。但是，收入却远远无法达到地下出土文物最终交易额的百分之一。在盗与贩之间横着一条常人难以逾越的鸿沟，这就是产业链上责任分工的原则，同时也是利益分配的原则。

20世纪末，在美国纽约举办的国际亚洲文化节上，比利时籍的中国文物商吉斯尔·柯罗斯，将一棵精美绝伦的汉代青铜鎏金树（又称摇钱树）以250万美元的价格，出售给纽约亿万富翁里昂·布雷克。经专家验证，这棵摇钱树系重庆巫山地区非正常出土文物。文物贩子坦言，一手收购价顶多十几万元人民币。

地下文物在进入合法化商业渠道之前，都有过一段光怪陆离、长达半年或一年以上的旅行生活。这种旅行不仅只是出入海关、二次集散，还包括在大小老板们之间的周游，用行话来说就是"倒手"。

倒手是文物商贩们大变魔术、规避法律风险的秘籍法宝，千万不要小看了它。

在盗墓产业链上，风险最大的是盗墓群体，其次是接近盗墓者的初级市场老板，因为他们离犯罪现场和犯罪证据最为接近。无论是在盗掘还是运输途中案件被侦破，公安人员顺藤摸瓜时，证据链条上最先锁住的就是这部分人群。因此，只有通过频繁的倒手，才能抹去地下文物身上携带的犯罪印记。

老板们的分工也十分明确，二手市场的老板消息最灵通，看家的本事就是眼快、腿快、耳朵灵，所以能够在第一时间获得盗墓的信息。拥有资金和关系也是他们的优势，否则，文物到手怎么那么快就运到了境外？！但是，由于背负的风险较大，这一群体的组织结构基本处于松散状态。

三、四级市场老板大多聚集在北京、上海、广州这些大城市，他们不是有着文物报关的本领，就是有着更深的背景和能力。文物倒手到这个阶段，身上携带的盗掘证据链已经断裂，即使留有一点蛛丝马迹，也无碍大局。所以，老板们基本上已是安全无忧。造假便成为这一级老板闲暇时的神来之笔。

开办工艺品厂便是这奇思妙想的结果，一方面可以合理合法地向国内外运送所谓的"工艺品"，另一方面也为文物造假撑起了一把遮阳伞，的确是个绝妙的主意。于是，很快就成为文物贩子们的另一条生财之道。

假货分两种，明码标识的仿制品和以假乱真的假文物。当仿制品充斥市场时，真真假假的游戏往往欺骗性更大。这大概也是民间收藏者手中80%为赝品的缘由之一吧。

再经过一两轮的倒手后,"洗白"的文物就可以堂而皇之地见到幕后的大老板了。这期间的地下文物,渐入佳境的特征就是谁拥有谁便享有权利。穆子说,盗墓就像一个承包工程,贩卖文物如同一场魔术游戏,工程是实实在在做出来的,魔术却是真真假假编排出来的。所以,他崇拜那些头脑睿智的大老板。

那么,大老板们又是谁呢?国际文物学会的一则统计令他们露出端倪。目前,全球文物收藏量达到万件以上的文物商大约3000人,这些不同国籍的大老板们控制着一个复杂而紧密的文物交易网络,各个国家盗掘出的地下文物,经过四五道文物贩子的倒手后,到达他们手中,随后,进入合法化的商业渠道,拍卖、转手、升值。

大老板的能量究竟有多大?广州海关破获的一桩走私案,让我们见识了一次他们的行业号召力。

某外贸公司代理的一批瓷器在报关时,海关工作人员发现,报关单上填写的"一般贸易"被涂改为"展览品",发票单据上也没有加盖文物管理部门的公章,于是决定开箱检查。

检查的结果触目惊心,在普通花瓶和瓷器中夹杂着大量的地下出土文物,有陶俑、象牙锁、彩釉碗、汉代空心墓砖等,数量高达近千件。此案牵出的五名文物贩子被抓捕后,香港市场的文物行情一时间竟报复性上扬。

据业内人士透露,一单货物的被扣,对大老板们的影响其实并不算大,一个走私环节的瓦解,对某条产业链的打击才是致命的。遗憾的是,这种情况出现的概率很小,大老板们往往会同时培植十几个下线,这场变幻魔术的游戏也绝不会只有几个玩儿家。

伴随着经济的发展与国民生活水平的提高,中国已经从一个纯粹的古文物供给国变成重要的消费国,就在名人富豪们动则几百万元争购一件文物的故事令文物商们津津乐道时,文物的投资功能和避税功能被炒作者们无休止放大,这些都使地下文物遭遇到了空前的关注。盗墓产业化发展正在以最快的速度吞噬着我国的地下文物,并且在扩大内需的呼声下,迅速地把触角伸向全国。

注:为了保护犯罪人的合法权益,文章中涉及的所有罪犯均用代名。(后同)

波澜壮阔的地下淘宝——中国盗墓劫

历史曾经像个顽皮的孩子，把一段段鲜活的记录埋藏在我们一眼看不到的地方，望着我们拼命寻找。盗墓打破了这场风花雪月的游戏，它像电脑中的病毒，在掠夺文物的同时，又疯狂删除了历史在埋藏文物的地方为我们留下的记忆符号。盗墓对于中国历史，无疑是一场疯狂的劫难。

大漠古路上的"盗"与"匪"

33岁的亚生其来克牵着两匹骆驼带着三个同乡从自己家住的绿洲出来，越过塔克拉玛干中心的沙漠公路，向西进了沙漠。

他要去的是尼雅。尼雅距新疆民丰县140公里，不管是100年前的斯坦因，还是20世纪90年代的中日联合尼雅调查队，都是从民丰出发向北进入沙漠，当到达最后一块绿洲时，换乘骆驼，再走两天，才能到达尼雅，任何现代化的运输工具都无法对付这段路程。

亚生其来克就这样从东向西横着进了尼雅。他晃晃悠悠、不慌不忙地走着，像是从沙漠这一头到沙漠另一头的一个亲戚家里去串门。到尼雅，他用了两天。

亚生其来克不能在尼雅多待，最多挖上两天就得走。他要有足够保证他们能走出沙漠的水。他就这样在一个多月的时间进出尼雅3趟。第三次出来的时候，他的骆驼上绑着两具干尸。

男性干尸的个头在1.8米以上，身着丝绸，黄头发、黄短须，连眼睫毛都历历可数。女尸也是黄色头发，佩戴着项链、耳环，穿着色彩艳丽的丝绸，脚上穿尖头的皮鞋，样子很安祥，像是王公贵族。他们都是白种人，包括那个干人头。

亚生其来克没有把女尸身上的首饰拿下来，他知道，保存得越完好，就越能卖出好价钱。

但走了一段路，男干尸的整条腿还是断了下来，亚生其来克一烦就把它扔了。扔在哪里，他也忘了，后来去找怎么也找不到了。

到了沙漠公路，他把干尸埋在公路边的沙山里，在路边的一个个体户的餐馆里住了下来等待买主。每具干尸的成交价是7万元。而它们被运出国后，价格变成了

100万元。

　　塔克拉玛干沙漠周边的绿洲里，总是流传着许多沙漠里埋有珍宝的故事。比如沙漠中有一座古城，里面满是金银，但是如果有人捡了金子，就会突然刮起黑风暴，或者遭受无数野猫的袭击。还会有幽灵叫着拿了金子的人的名字，引他走向沙漠深处。

　　这种神秘恐怖的传说曾经在很长的一段时间里，让人们保持着对沙漠中古城古墓的敬畏，但当有人拿着现金，等着收文物的时候，对金钱的渴望就战胜了恐惧。被鼓动起来的挖宝热情在农民中有增无减，每到冬季，许多人就牵着骆驼进了沙漠……

新疆尼雅墓地干尸

　　《南方周末》报特约记者南香红女士对亚生其来克案件的采访，为我们揭开了新疆干尸盗掘的冰山一角。日渐升温的淘宝热，使这一地区已经成为全球干尸的货源地，每年为文物商们提供30%以上的干尸货源，同期出土的毛织品正在按平方厘米计价。利益驱动的诱惑究竟有多大，读者可想而知。

　　循着南香红的脚步，8月，我来到新疆。

　　在吐鲁番通往乌鲁木齐的公路上，肚子里装满葡萄的我不想把这份甜蜜与酣睡共享，于是，独自与司机聊了起来。起初，我们找不到共同的话题，只是在话与话之间别扭地兜着圈子。可是，当谈话终于从艰涩转向流畅时，我惊异地发现，这个改变了尴尬局面的话题竟然是"盗墓"。

他家住在一个叫三道岭的地方，早年这里发现了矿源，于是在很短的时间里，便聚集了四五万前来打工的农业人口。淘宝风潮刮来时，三道岭出现了盗墓的副业和职业。每年秋冬，这里的人们就会结伙去敦煌盗墓。

"盗着东西了吗？"我忍不住发问。

"人家盗不盗着东西，咋会跟我说。"小伙子突然烦躁起来。但是，随即又向我讲述了一段他爷爷在大上海帮派中闯荡的故事。结局是他爷爷得到了三件宝物。一件是个炉，一件玉（器），还有一件说不上是什么的东西。他说，要知道车上有这么多专家，一定带上两件让他们鉴定一下。

"以前没找人看过吗？"我原谅了他刚才的不恭，继续发问。

"我拿到上海找人看过，说是假的，只值几千块。"他很不屑地说。

自家的东西，怎么一件也叫不上名字？潜意识告诉我他在撒谎。于是，谈话陷入了僵局。

"……其实盗墓也挺容易的。"或许是长途跑车实在寂寞，也许是为了打破僵局，他突然冒出一句让人吃惊的话来。

"你去过敦煌吗？"为了证实自己的怀疑，我迂回着发问。

"去过，老没意思了。"

"那莫高窟一定去过了吧？"

"……，去那有啥意思呀。"

他的回答确认了我的判断。但令我吃惊的是遭遇盗墓者的方式，虽然不能说明盗掘者的密度，却也证实了一些我们不愿意承认的问题。与我见过的盗墓者不同的是，他不在道儿上。

对于日渐猖獗的盗墓大潮，哈密地区文物局长、年轻的牙合甫江说，在文物保护的实际操作中，难点就在于，今天出现在新疆地区的盗墓贼，大多是配备精良的盗匪。他们装备有先进的沙漠越野吉普、GPS卫星定位系统及先进的盗墓工具，甚至还配备了枪支，这对于人烟稀少的沙漠地区，的确带来防范上的困难。

正像一位"老文保"所说："一次，我们遭遇到一伙正在盗掘的盗墓贼。当我们的汽车靠上去时，他们收起工具跳上汽车逃跑了。眼看着近在咫尺，我们的车加足马力追了上去，可是不一会儿，就被他们甩在了后面。这时，我们这才明白，人家的车是四轮驱动的，我们根本追不上。"

牧场上的盗洞

著名探险家、摄影师宗同昌先生也遭遇过这样的盗匪。

春节期间，他跟随一支探险队进入罗布泊腹地。

三天以后，当汽车行进在一大片被称为"迷魂阵"的雅丹地貌中时，迎面开过来一辆白色的213吉普。

这里荒无人烟，平日里除了沙海游龙（风暴）时常光顾外，据当地人说，来这儿的人十有八九是盗墓的。大家提高了警惕。

吉普车司机很大方，会车时主动提出借个火，这让人们紧张的神经略微松弛了一些，双方下车稍事休息。

对方只有两个人，操当地口音，从表面上看没有什么特别的地方。

内急使老宗下了车就往没人的地方跑，可是经过吉普车时，却发现这辆车没有牌照。回来时，他有意向吉普车里看了一眼，发现车里不仅装着铁锹、铁铲之类的工具，在一块帆布掩盖着的器械中竟露出一节枪管。

"肯定不是好人。"老宗一面想着，一面回到车里拿起照相机。再次下车时他躲在了自己的车后面，想找个机会拍下对方的嘴脸。

这两个人警惕性很高，一个始终坐在车上镇守，另一个站在离车不远的坡上，狼一样的眼睛不停地扫视着在场的人和车辆。老宗在车后转了几圈儿也找不到拍照的机会，现场气氛十分紧张。

也许是大家的怀疑和非同寻常的气氛压迫了对方，不到一根烟的工夫，213吉普就急忙开走了。

为了证实大家的猜测，探险队一致同意，循着吉普车下来的车轮印上去看看。

走了不到5公里，果然发现几座古墓葬开肠破肚地躺在那里，墓主的尸骨和棺板散乱地抛撒了一地。

无一幸免的三峡遗址群

三峡考古发掘工地

大力士刘有良挥舞着洛阳铲在峡江边奋力地钻探着，江水拍打着沿岸发出的声音和船只经过时的鸣笛，伴着满山的葱绿，让他心旷神怡。

他深深地打下一铲，虽然土质很黏、取出来有些费力，而且，几乎每一铲都要用脚去清理铲子里磕不净的泥土，但是刘有良一丝不苟。因为探铲就是他的眼睛，他能够通过带上来的泥土，知道10余米深的地下土层是否曾经被干扰过。

来到四川万州余家河考古工地已经一个多月了，他天天都创下单日打探眼400—

500铲的纪录（一般人用同等重量的洛阳铲只能打40—50铲）。当年，发明了洛阳铲的盗墓贼李鸭子绝不会想到，100年后，有人将他的发明运用得如此登峰造极。

考古队员刘有良（左）与作者

但是，刘有良也绝没有想到，就在不远处的巫峡镇秀峰村，有人比他"力气"更大，找墓的魄力更为惊人。

辛氏三兄弟在自家责任田里起早贪黑地忙碌，他们一铲一铲地挖着地里的土，就像盖房子挖地基一般，直到把半边责任田挖成了一个深坑。

村里人经过这里时，总要好奇地问他们做什么？老大辛玉祥回答说："挖鱼塘。"可是，挖完了半边后，他们又把土回填到坑里，然后将另一半田地也像过筛子似的深翻了一遍。随后，他们在自家院子里用同样的方法挖坑，挖完院子，又来到房前屋后挖，直到把自家的地盘全部翻腾了一遍。

三兄弟虽然不知道，有个叫李鸭子的盗墓贼发明的洛阳铲，能够深入地下探出古墓，也不知巫峡地区是商、周、秦、汉墓葬集中的地方。但是，却无师自通地在短短几十天里，挖出了五六座古墓。文物出手后，得到的现金远胜过一年365天做田的收入。于是，他们把手伸向了别人家的责任田。

同村仁战津责任田里的一座古墓，让他们尝到了发横财的滋味，仅仅一块玉

（战国时期的双面纹青玉壁）就买了1万多元。

辛家兄弟成了当地的名人，原因不仅是日子过得火爆了，重要的是作为"懂行人"，他们能够帮助乡邻们在责任田里挖出宝贝。这个"要想富，先挖墓，三天就成万元户"的典型范例，让许多老实巴交的农民心旌摇动。

6月，火辣辣的太阳灼烤着大地。村民胡德民一面在自家菜地里锄着草，一面耐心地寻找着，汗水顺着脖颈不停地往下流淌，他顾不上擦拭，只是不停歇地刨着土。

刚才，一块褐色的陶片分明从他的锄头下露出了头脸，莫非是要发财了？他使劲又挖了几锄，果然一块断砖露了出来。该不是古代的墓砖吧？这个想法刚一出现，胡德民就扔下锄头小跑着来到辛家。

辛氏三兄弟在菜地里仔细勘察后，一句"有货"的结论让胡德民心花怒放，他马上找来两个本家兄弟，六人个拿上工具大干起来。

从白天到夜晚，又从夜晚到白天，他们不停地挖着土，亢奋的精神完全打败了身体的疲劳。有人看到这挑灯夜战的场面诧异地问："莫不是在挖金娃娃哟？"胡德民掩饰说："请亲戚帮忙打一个粪池"。

中午，辛家老大手中的鹰嘴锄终于"咔嚓"一声，碰到了硬茬上，他连忙丢下锄头，小心翼翼地用手刨了起来。不久，一排整齐的刻有人字形花纹的汉砖出现在他的眼前。

辛老大爬出洞来，吸了口新鲜空气，直了直腰说："这个墓可不小，白天挖，目标太大，我们还是晚上干吧。"

晚上10点钟，六个人再次在胡德民家门口聚齐了。4个小时以后，他们手提矿灯穿过长长的墓道，走进墓室。在矿灯的照耀下，一只昂着头的"古鹅"最先映入闯入者的视线。几个人们围了上去，辛老大用袖子小心拭去"古鹅"身上的尘土，刹时间露出了生满铜锈的胎体，凭经验，他知道这次真的要发大财了。辛老大揉了揉流泪的眼睛，小心翼翼地将"古鹅"抱在怀中。虽然他觉得很沉，但是他告诉自己，决不能撒手。

"古鹅"以18万元外加两部摩托车的价格卖了出去，盗墓者们异常惊喜。可是后来，黑市上出价200多万却有行无市，辛老大们又转喜为悔。他们哪里知道，三峡工程启动以来，仅地下文物的买卖，在北京就造就了五个千万富翁。

辛氏三兄弟的发财梦终于寿终正寝，就在他们卖出又一批国家珍贵文物后，冰冷的手铐锁住了他们罪恶的手，与同案犯共同藏匿在家中的100多件文物，成为他们疯狂盗掘国家地下文物的佐证。

"古鹅"名曰雁形铜槽，为青铜制品，是当时的储酒器皿。它长约 70 厘米，高 50 厘米，重 7 千克，鹅腹储酒，鹅嘴处有一通道作倒酒之用，背部雕有精致的花纹，目前在国内尚属孤品。

或许得益于祖先的地下庇佑，三峡不仅风光秀美，橘树也长得郁郁葱葱。10 月，从巫山下船，沿着峡江两岸行走，满山遍野的橘香和片片金黄就会沁入心脾，让人心旷神怡。

生活环境的优越，使这里很早就有人类居住。因此，仅三峡工程圈定的重要文物发掘点就有 2000 多处，重点文物保护地 700 多处。但是，自三峡文物抢救工程启动以来的，不止一位在这里发掘过的考古队长忧心忡忡地告诉我说：盲目盗掘使三峡遗址无一幸免。

露头的文物

走访期间，笔者曾遭遇过这样一件尴尬的事，事情虽小，琢磨起来却耐人寻味，与辛氏兄弟的故事有着异曲同工之处。

三峡人热情淳朴，一走进村子就会有人与你打招呼。说得最多的客套话就是请你吃自家产的橘子。但是，千万别让他们知道你是考古队的，一旦知道，立刻就会将你冠名为"挖宝的"。随之，便不厌其烦地反复"盘问"，在什么地方挖呀、挖到几个金元宝了等等。更令人不解的是,在当地人意识里,考古发掘与盗墓一样,都是"挖宝的"。

一次,在去往武林镇的乡渡驳船上,我无意中告诉一位老者自己是考古队的(以为这样可以不惹麻烦),谁知却招来半船人的围观和询问。

"挖到宝贝了吗?"

"有没有元宝?"

"不挖宝贝,来干啥子呦!"

相信吗?就是这种简单而盲目的热情,把许多老实巴交的农民搅进了盗掘的犯罪行列。

水下盗掘——部分渔民的新副业

这是一只有着典型西洋风格的小青花瓷瓶,袖珍地张开一只手就可以放上两个。它们很漂亮,白地青花,图案中透着典雅的异国风情。专家介绍说,这是出自景德镇民窑中的上品,专门为出口欧洲定制生产的,名字叫作青花高足杯。

清乾隆年间景德镇民窑青花高足杯

在国家水下考古中心研究员兼摄影师徐海滨的图库中,我有幸领略了福建省"碗礁一号"沉船中出水青花瓷器的风采。其中,青花高足杯给我留下了深刻的印象。

徐海滨研究员告诉我说,从"碗礁一号"沉船上抢救回来的瓷器与实际装船的数字是15000∶50000。可以想见,在这个有着巨大反差的数字后面,一定还隐藏着许多人难以言表又蜿蜒曲折的故事,尽管,"碗礁一号"盗捞风潮已经封尘500多天。

清乾隆年间景德镇民窑青花瓷器　　　　　清乾隆年间景德镇民窑青花瓷盘

桃花开放时节,乘坐厦门航空公司的航班,我来到福建省长乐市。一个小时的车程后,我兴冲冲地站在去往屿头岛的松下码头上。

果然,屿头岛——这个俯瞰着"碗礁一号"的小岛,在经历过一番颇为离奇的周折后,向我打开了一段段不为人知的故事。

船老大林振福被叫做老板,这在渔民中本是一件很平常的事。但是,自从他雇用了广东籍潜水员为自己下海打捞文物以来,老板两个字才真正体现出名副其实的含义。

那天,他真得吓坏了。

到沉船上打捞的人太多,几十个潜水员的(换)气管缠了在一起,船上的人干着急,不敢挂线。每个人都十分清楚,一旦挂线,就意味着剪断了下面人的生命线,船老板们只能焦急地祈求着自己人的好运。

那个精瘦的广东仔还算聪明,一感到情况不对,就扔掉身上的铅块浮了上来。在距水面5米处减压时,他实在坚持不住了,慌乱地提前升出水面,一只脚被船上的螺旋桨打伤。

死掉的潜水员很惨,据说气管被人割断。传言四起,有人说是松下(地名)来的水霸自己捞不着东西,便抢夺别人的东西造成事故;也有人说下去的人太多,大家挤在一起造成的气管缠绕……总之,林老板还算幸运,生命的损失与身体的损伤,他欣然接受了后者。

下水的潜水员

"碗礁"其实并不像碗,它得名于300年前的一场海难。海难过后,就有人不时地在这里捞起过大大小小的瓷碗,"碗礁"因此得名。就是近几年,有人在礁石旁捕鱼时,还一下子钩带上五六只或七八只瓷碗来。可惜,当时人们并不知道这些碗的价值。

沉在海底的瓷碗

碗礁再次发现古董（瓷碗）的消息，是像风一样迅速传遍周围岛屿的。这样快的速度，在几年前是难以想象的。

20世纪80年代以前，岛上没有中学，能够上到小学毕业已经很了不起了。生活的穷困使人们很少与外界联系。今天，经济的宽裕使岛上与外界联系日渐增多，普通话在年轻人中相当普及。每天，岛上有六班船往返于松下码头和屿头岛之间，电视这个神奇的东西，更是把最新的信息带给小岛，不知道古董的人越来越少。

消息传来，大多数脑筋灵活的渔民都闻风而动。时日不多，从平潭到莆田的海域就犹如沸腾一般，天天都停满了渔船。

起初，大家只是撒下挂网在"碗礁"周围钩挂。后来，有聪明的船老大二三家联合，请来广东、浙江或湖南的潜水员下海捕捞。于是，人们纷纷效仿。

林老板是和自己本家兄弟合伙雇用的一个潜水员，他们事先说好，来去路费由船老板管，渔船、设备由船老板出，得到的利润潜水员和船老板四六分成。据此方案，听说许多人都发了财，可是林老板和兄弟却赔了本儿。于是，他们像大多数船老板一样退出了"捞宝"大军。

不过，林老板实在太喜欢青花瓷器了，他亲自出岛买来一套仿景德镇的青花瓷餐具，每天吃饭时，面对着这些精巧的瓷器，他都会感到心情愉悦。直到有一天，他无意中得知，一件青花高足杯在北京潘家园文物市场的单价是3000元时，他惊呆了。

他的确当不了真正的老板，一件青花高足杯，他只卖了50元。

对于"碗礁一号"盗捞文物事件，福州市考古工作队队长、国家水下考古队执行队长林果先生这样描述：

那天，听到消息，我整整赶了一天的路。踏上屿头岛时，已是傍晚临近。

海面上风浪很大，岛上的东码头却异常热闹，二十几条大大小小的渔船或近或远的停泊在周围海域，几百个人站在各自的甲板上吆喝着、运动着。遥相呼应的是岸上老老少少围观的人群。喧闹的景象使小小的海港码头极为壮观。

一眼望去，我便发现，这是公然在盗捞国家的水下文物。因为悬挂在渔船上的潜水装置确切指明，每条船上都有潜水员在水下作业，情况十分复杂。

回到乡政府，只是瞟了一眼海警交来的那十几大筐破碎的青花瓷器，就已经能够断定，我国水下考古又面临一次新的重大发现。

三天以后，当国家水下考古中心主任张威和研究员徐海滨赶到屿头岛时，盗捞的疯狂程度仍然没有太多好转。据说，海面上这种对峙的局面已经持续多日。一边是海警与边防警察的防线；另一边是二三十条渔船，他们在周围游荡、观望，遇有机会，潜水员就会下到海底捞上一把。

"……那种疯狂的场面，如果不是亲眼看见，很难令人相信。"徐海滨研究员痛心地说。

苏澳（岛）码头上的宣判大会，让林海兴想起来就有些后怕。

在长达四个月的时间里，他也和台上那14名被宣判的罪犯一样，心里想的、手上做的都是去海底的沉船上捞古董。

自从屿头岛的"碗礁"被军管后，他们四处游荡，淘遍了莆田、涟江一带所有有过传闻的海域。大链岛、南日岛、牛屎礁……，这些昔日的渔场，处处都留下他们淘宝的足迹。

开始，林海兴并不知道这样做违法。后来不让捞了，才渐渐知道，未经许可的打捞都属于违法活动。可是，从福清、福州和北京来的文物贩子已经煽起了他们的淘宝激情。毕竟，这样快捷的致富方式是生活清苦的渔民们闻所未闻的。

除此之外，最让他难以释怀的是，倾其所有的"巨额"投资无法收回。

通常，一般的捕鱼船只只要40—50个马力就能对付，奢侈的也就80马力。盗捞就不一样了，120马力，整整快出普通渔船的一倍还要多。如果大家同时得到消息同时出发，快船上的潜水员已经下水一个来回了，马力小的渔船或许还没赶到。林海兴不笨，这个账他算得过来。都说时间就是商机，他想办成"大事"，就咬牙置办了一条大马力的快船，尽管无法与福清、海口过来的快艇相比。

结果，他像一个赌徒，被结结实实地套牢了。

牛屎礁那晚让他损失惨重，还差一点儿就站进那支被宣判的队伍。

那天，他们刚找到那条沉船，却眼见着台风就要来了。听到消息聚集来的一二百条渔船，谁也舍不得离开。于是，疯狂的打捞又一次重演……

沉船中的瓷器实在太丰厚了，罩在上面的珊瑚礁被炸开后，只要找准位置，潜水员趟趟不空手。望着一件件带着水迹的瓷盘子、瓷碗，林海兴以为这次自己真的发财了。

海面上的风一阵紧似一阵，敲打的渔船像打摆子似的剧烈晃动着，天渐渐黑得如锅底一般，可是林海兴就是舍不得走，不停地催促着潜水员再走一单。

大限终于来临，凌晨2点多，海警的快挺突然出现在盗捞现场，他们来不及逃跑，被抓了个正着。望着一件件被没收的瓷器，林海兴的心像刀割一样疼。

在南日岛拘留期间，听说被没收的那些盘盘碗碗，统统来自明代嘉靖年间的景德镇，他后悔极了，认为是贪心害得自己空忙一场。

但是至今仍让他搞不懂的是，村长都认为可以干、还带头干的事，怎么就犯了国法？而且还判得那么重？

文物大省的"正规军团"

2006年初，素有文物大省之称的陕西省发生了一起令人震惊的盗墓案件。作案人虽然只有五个，涉及的文物（包括国家重点文物）却有117件。尤其是墓主特殊的身份，以及出土文物的内容，震惊了整个中国考古界。

西北大学考古专业王建新教授表情凝重地说："这是一件令学界震惊的盗案，是我们考古人共同的悲哀。考古学鼻祖吕大临，由于生前爱好收藏，于是造就了这个墓独一无二的价值，墓葬中不仅有同时期的文物，也有从春秋战国到北宋之前各个时期的文物……"

该案的主审警官刘维勋说："这个墓在陕西省蓝田县，是我国第一部考古专业书籍《考古图》的作者、考古学鼻祖、北宋金石学家吕大临的家族墓。由于吕大临的三个哥哥也非常有名（《宋史·列传》中有记载），当地人称这里为'吕氏四贤墓'，也有人将这里称作'吕家墓'。当年，这里有150平方米的封土十五座、高高的牌坊、厚重的墓碑……如今，虽然被列为县级文物保护单位，但是地面的标志却早就没有了。"

跟随着案卷的指引，我走进岁末年初那段已经被日历翻皱了的日子。

黄土高原上的风，有时也会像小刀子一样刺得人疼痛难忍。

岁末年根，走在家乡自小玩到大的土塬上，吕建民边走边察言观色地注视着长自己五岁的邱宝俊的表情。他不敢和盘托出这个墓的底细，更不会说出这个墓与自己的家族关系，唯一期望的，就是快点挖开这个墓，快点弄到钱。

觊觎这个墓已经很久，自从母亲去世返乡奔丧那日起，他就刻意向村里的乡亲打听那座曾经离自家院子最近、有着高高的牌坊与墓碑的大墓。虽然，那些醒目的标志已经被毁掉多年，但是，仍旧有人清楚地记得墓的位置。三年的时间里，他不止一次让乡亲带着，在这座已经被铲平了封土、种上果树的墓冢上走来走去。

带着邱宝俊坡上坡下地看过一遍后，他得到一句肯定地答复："这个墓可以挖。"

道儿上的规矩，吕建民清楚，只要成功，他不会少分。所以，明确了分工后，他便一门心思做自己分内的事，不再多言。

回到西安，48岁的下岗工人邱宝俊，凭着在文物市场打拼七年的经验和关系，在不到两个星期的时间里就做好了盗掘前的筹备工作，快速组织起一支盗掘的职业化"正规军团"。

人都是在道儿上找的，他是老板（支锅），盗墓的资金、器械全部由他解决；他租来一辆白色富康车让吕建民（线人）开着，负责接送人员和采买；秘密联系了技工黄忠孝（腿子），约定好盗掘的日子；从宝鸡市叫回当过武警的熊一放（下苦），指示他再找一名"下苦"，并和吕建民一起去买炸药和工具……；虽然事无巨细，但他不愧是个老手，件件事情做得细致而隐秘。

元旦过后，伴着雪天来临的脚步，他们出发了。

吕建民老家的房子很大，不仅远离村庄、独门独院，而且就建在墓冢旁边。入夜后，五个人带着一副探杆（一种由12根1米长的钢筋组合成的盗墓工具）来到已变成果园的墓地。

在技工黄忠孝的指导下，两个"下苦"只用两小时，就探出了墓葬的准确位置。随后的20分钟，他们又搞清楚了墓道的宽窄和高低尺寸。

老天仿佛存心帮忙，后半夜悠悠扬扬地飘起了雪花。第二天，乡里人都躲在家里避寒，三里五里看不见一个人影，几个人暗自窃喜。

饱睡了一天后，晚上10点，他们再次来到墓地。

矿工出身的黄忠孝不愧是专业老手，他用洛阳铲很快打出一个15米深的炮洞，放入炸药，引爆了一次，声音不大，却在地面上炸出一个坑，坑下面炸出一个洞。

在两个"下苦"的帮助下，黄忠孝把全部炸药放进了小洞，用土盖好后，又一次引爆。这次，声音比较大，就连站在远处望风的吕建民也有很强的感觉。但是，一个深15米、直径65厘米上下的竖井炸成了。

黄忠孝抄起洛阳铲，在盗洞旁边打了一个小小的排烟孔，这一天的活儿就干完了。曾经有性急的盗墓者，尝试着在放炮的当天带着防毒面具下去淘宝，结果拉上来时，已是死尸一具。邱宝俊不会干这种不专业且不吉利的事。他们盖好盗洞，回去睡觉了。

接下来的两天让五个人兴奋。

三个人从竖井下去，在13米的地方打出一个横向的盗洞，只挖了2米，就顺利地进入墓室。

墓室很像个土窑,虽然已经坍塌了三分之二,仍可看出当初的规模与大小。四下打量了一下后,黄忠孝很有把握地告诉两个"下苦":坍塌的部分不用挖,那下面不会有东西。

黄忠孝的判断是准确的,在余下的三分之一墓室中,他们找到了所有的陪葬品,两天共出货(文物)117件。就连"下苦"熊一放都明白,这一次他们"老板"发了。

青铜鼎、熏炉、簋、铜镜、砚台、石壶……,一件件珍宝经过邱宝俊的手,又包上纸放进纸箱。这个收获是事前没有想到的,简直就是一个大大的惊喜。北宋的墓怎么会出现西周的鼎和汉、唐的铜盆,铜镜?这在他的盗墓生涯中是前所未有的。

公安部门收缴的文物——青铜器

遗憾的是,当他还没有解开这个谜团的时候,另一件让他困惑的事发生了。

回到西安的第一个晚上,他们就被公安人员堵在了被窝里。除一名技工在逃外,其他四人全部归案。邱宝俊捶胸顿足也无法明白,什么地方露出马脚,让他在抱着宝贝的最关键时刻落入法网。

西安市公安局刑侦八处大队长郝斌说:"这是我们继兵马俑被盗案之后,办得最漂亮的一个案子。收网时间如果再晚几个小时,文物就出手了。"

虽然,这只是一个发生在文物大省的盗墓"正规军团"毁灭的故事,但是,这个案子传递出来的信息却令人忧虑。每年秋冬两季农闲时,西安周边来自河南、山西等待"支锅"召唤的"熟练工"农民就有几千人,他们往往不是空手而归。

公安局刑侦处韩清龙大队长告诉我：近年来，盗墓案件的发案地区和数量都向我们指明，陕西的梅县、扶风等地，距城市较远的地方能挖的古墓已经基本挖完，盗掘目标正在向城区推进，目前的主要案发地点是蓝田和灞桥地区。

产业链、职业化，使一大批下岗工人和无业人员找到了"用武"之地。而消耗吸收这个庞大利益驱动群体旺盛精力的，是资源越来越稀少的古墓。吕建民这个吕氏家族守墓人的后代，在盗墓生涯开始的几年后，才带人掘自家祖坟的事，恰好说明了这点。

盗掘，正在向城市逼近！

天价背后——一声叹息

10月的香港，刚刚褪去夏季的暑热，一场秋季拍卖会又在苏富比拍卖大厅炙热登场。

参加拍卖会的人很多，不仅前排的贵宾席和坐席几乎"爆"满，就连后排的通道上也站满了人。一件明永乐年间的鎏金释迦牟尼像正在拍卖。

此前，已经有一对类似的明宣德鎏金铜金刚舞菩萨立像和明永乐鎏金大威德金刚像，分别以5000万、4000万元的价格拍出。而眼前拍的这尊佛像不仅身高超过前两尊，就是与大英博物馆的同类佛像相比，也整整高出10厘米，且装藏从未开过封。按照当时的礼制，佛身的装藏中不仅有五谷，还应该有20多卷经文，其价值难以估量。

起拍价刚一宣布，十几个人就争先恐后地加入了竞拍。……6000万，……7000万，……8000万，竞拍价一路飙升。其中，有两个买家抢得最凶。知情人透露，他们一个是受西方委托的买手，另一个是来自台湾的买家。

8500万，当竞拍进入白热化的时候，站在后排人群中的一个神秘人物353号横刀跃马，首次举牌亮相。

面对人们投来审视、疑问的目光，他镇定自若。一路拼杀，直到全场只剩下两个人举牌。1.02亿……，1.03亿……；人们屏住呼吸。突然，场内爆发出激情洋溢的呐喊："蔡总，13亿人民支持你！""China OK！"在场的外国人受到情绪的感染，也冲着他竖起大拇指高呼。

原来，那是一些认识353号竞拍者的藏家朋友，在拍卖最激烈的时候，他们没有忘记用这种特殊的方式向蔡总致意。至此，353号竞拍者身世曝光，堂皇走出神秘的光环。

1.04 亿！蔡总毫不犹豫地又一次举牌。这次全场一片静寂，再也没有响应者追随。

三声槌响后，场内一片欢呼。思维敏锐的人已经意识到，这最终的叫价加上佣金为1.2亿元人民币，已经创下中国工艺品（文物也包括在内）拍卖价格的世界纪录和中国个人收藏的竞拍价纪录。

蔡总名为蔡铭超，是一位做服装起家的民营企业家。在同行眼中，他是个很有魄力的南方人，也是个做事低调稳健的人。他说："对这尊佛像，我志在必得。""以前，国家比较落后，东西被别人抢走。现在，中国的经济实力强大了，民间已经有能力收藏国宝级的艺术品。"

蔡铭超的故事在中国文物大量流失的今天，可谓民间文物回流的一个亮点。同时揭示了民众为抢救和回收中国文物做出的积极努力。但是，我们付出的代价是否昂贵了些？！一件从盗墓者手中出手时只有几百元、上千元的文物，买回来时要花几十万、上百万元。笔者认为，以这种换算方式（甚至更高）购回的文物，失掉的不仅是盗墓者、文物商抹去的历史信息和文化信息，还有衡量价值的标准。

新疆被追缴回来的彩棺

如果我们能早一些将回购流失文物的资金，投一部分给教育和文物保护，盗掘的情况是否会比现在要好些？

在新疆伊吾，我认识一位叫作白克力的维吾尔族文保干部，他每天的工作就是步行在 19735 平方公里的辖区内，看护和管理露天的 50 多个文物点（墓葬、岩画、遗址等），数十年如一日。2003 年，他有了一辆自行车作为代步工具，心里非常高兴和满足；2006 年，公路通车后，他有幸坐上了公共汽车去上班（但还需走路）。在他身上，

恪尽职守的维吾尔族文保干部白克力

我们看到的文保投入，一年也不过上千元。然而，一次盗墓给国家造成的损失却是无法估量的。

中国的盗墓衍生与厚葬之风，"发冢盗""土夫子"，是古时候人们对盗墓者的称谓。虽然当时许多墓主的后人都在世，对这种偷盗行径恨之入骨，但是，从称谓上看，却没有参杂任何个人感情。

奇怪的是，今人对盗墓者的称谓，"盗墓贼"三个字不仅形象地反映了行为，还涵盖了人们对这一行径的看法，明显蕴含了感情色彩。有意思的是，如今失盗的古墓绝大多数并没有苦主。也就是说，人们与被盗的墓主并无亲缘关系。于是，我们从中看到一种公众的态度。本来，这将是我们防范盗掘的有力武器，可惜持有者没有把盗掘当作一场战争。

借用北京大学一位考古学系教授对自己学生说的话，权当结尾：别看我们今天的野外发掘很辛苦，十年以后，你们会为自己感到庆幸，因为，那时的考古工作者已无墓可挖。

这绝不是危言耸听！

原载《华夏》2008 年第 8 期

  听闻北宋金石学家、被誉为中国"考古鼻祖"的吕大临家族墓地出土文物精品展在北京大学赛克勒考古与艺术博物馆展出的消息，惊喜之中，满含期待。终于有机会走进这个士大夫家族的尘封世界，不知为何，感慨颇多的却是那个引领盗墓贼入侵家族墓地的吕氏后人。

异世同调
——观吕大临家族墓出土文物展

  初夏，踩着阵雨细碎的脚步，我来到坐落在北京大学鸣鹤园中的赛克勒考古与艺术博物馆，观看心仪已久的新科十大考古新发现成果"异世同调——陕西蓝田吕氏家族墓地出土文物精品展"。
  一踏进外表古朴却简洁现代的展厅，刚刚在校园里沁染的满身青草和树香便悄然隐退，心也随之安静下来。
  由于有四个展览在同时进行，所以经工作人员指点，我才在环形展厅的中部，找到了那个深藏于1074年的吕氏家族世界。

地下走出的故事

  最先映入眼帘的是一方有着石盒般外表的方形墓志铭。细观之后，在褐色的石面上，我找到了吕大防的名字。

北宋吕氏家族墓地墓志砖

吕大防,这位吕氏家族中的长房老大,曾是北宋年间叱咤风云的人物,文武双全,曾与范仲淹之子范纯仁并列执掌宰相之职,主理过宋朝对西夏的边事……

墓志铭虽言简意赅,但墓主的身份、职官和家族荣衰都尽在其中。跟随着这些走过岁月沧桑的墓志和铭文,我们开始了与吕氏家族的隔空对话。

传说上古时期,女娲路经秦岭溺水上元时,看到这里的青山壮美雄浑,便将补天余下的五彩石种于山水之间。后来,这里便盛产美玉,被人们称作"蓝田"。1000多年前,一个做官的汲郡(今河南)人路过此地,"因爱蓝田山水",举家迁居于此。此人便是"蓝田吕氏"的创始人,"吕氏四贤"的祖父吕通。

闻名遐迩的"吕氏四贤",是北宋哲宗、徽宗年间活跃在政治舞台和文学舞台上的耀眼明星。

吕大防,官至尚书右丞,进中书侍郎,号称"贤相",曾主持刻绘了《长安图》《兴庆宫图》。

吕大忠,任陕西转运副使,曾亲督《石台孝经》转移至府学之北墉,是西安碑林的创始人之一。

吕大钧,北宋关中学派的代表人物,所著《吕氏乡约》为关中儒学道德礼教的代表作。

吕大临,我国最早的金石学家(青铜器专家),虽然他的大部分著作已经散佚,只留下《易章句》和《考古图》,但是,在长达十卷的《考古图》中,他留下的图录和对青铜器、青铜器铭文系统的研究以及文字的考证,为中国考古学奠定了坚实的基础,被后世称为"考古鼻祖"。

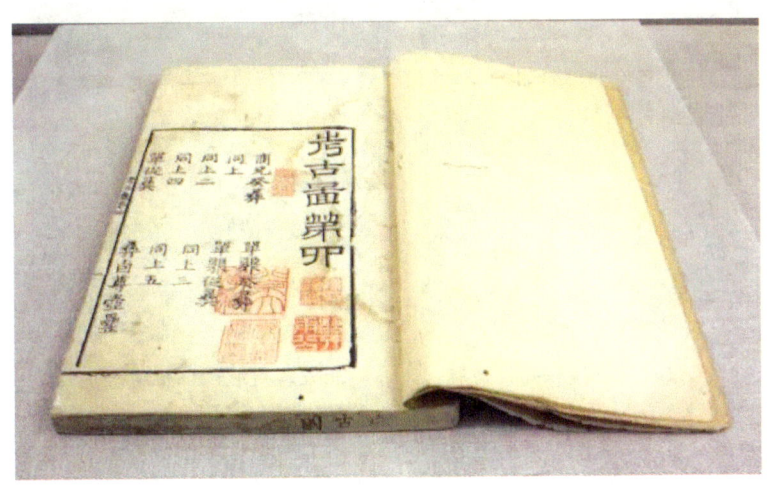

吕大临的《考古图》

一方方墓志铭除了说出殁于蓝田的吕氏族人外,还告诉我们吕氏治家有方,礼训严格,即使离世,大小长幼纹丝不乱。比如,未成年人的墓志一律采用铺地方砖,上书楷体,成年人则按照大小辈分在外观、质地和字体上加以区别。

据考古人员介绍,这批墓志不仅为我们绑定了墓主的身份名讳,还据此排列出墓地的布局顺序和北宋中、晚期蓝田吕氏家族的谱系。神奇的墓志铭还间接地让我们知道了,北宋灭亡后政治中心转移,蓝田吕氏家族中的精英也同中原大批贵族一样南迁而去,墓地停止使用。

一个时代的见证

耀州青瓷是又一个吕氏家族与我们对话的媒介。

在看过几尊材质不同、器形各异却小巧精致的香熏炉后,回味着萦绕在脑际中绵长的香气,我看到两只缠枝牡丹纹梅瓶安静地站着展柜中。

最初,耀州青瓷给我的印象并不讨喜。厚厚的瓶体缺乏秀美与细腻,单调的釉彩,在灯光下泛着豆皮般的绿色,一个"土"字尽述其表。然而,细看之后却发现,在这件厚胎器物上,惯常的刻花装饰改为深刻,刀锋犀利,线条酣畅,粗犷的锐劲感中充斥着豪放不羁的民间特色,与越窑的青瓷相比,更具浮雕效果。

北宋耀州缠枝牡丹纹梅瓶　　　　北宋耀州缠枝牡丹纹矮瓶

北宋耀州镶银青釉执壶　　　　　北宋耀州青釉刻花瓶

北宋是一个繁荣开放的时代，也是耀州瓷突飞猛进的时期。也许是惺惺相惜，抑或"因爱蓝田……"，吕氏家族的陪葬品中人人皆有耀州青瓷。从杯、盘、碗、盏，到茶、酒、盒、盂，应有尽有，均是吕氏家人生前使用过的器具。

耀州瓷虽说乡土，却不乏特色与精巧。之所以埋名"五大名窑"之后，据说是因为遴选宫藏珍瓷时，送选的300多件耀州青瓷，被金人掠去埋于北京广安门地下。其实，耀州瓷采用的刻花装饰已进入全盛时期，青瓷上的印花装饰也开始出现，并成为朝廷贡瓷。足见，吕氏一门对它的钟爱确是独具慧眼。

譬如，一件青瓷素面套盒，外表低调，却内里生奇，不仅设有内外两重盖，而且内盖也是两件组合，既可全部打开，也能只提揭中心的小盖钮取物，匠心独具，私密有趣儿。

再看餐具，碗口虽厚，却是五曲刻花，不大不小，配以同质同款的餐盘；素面套装酒壶与花口温酒樽配套使用，深水微澜，静中生俏。大一号的餐具是镶金青釉花口碗、镶银青釉花口碗和镶银执壶，低调奢华、暗香浮动，代表了耀州瓷的最高境界。兽钮式深刻花盖碗、牡丹纹渣斗，尤其是外表憨实的瓜棱腹执壶，高领、圆唇、鼓腹，盖钮做蹲兽状，构思缜密，有大家风范。

宋代耀窑镶金青釉花口碗

镶银花口青釉刻花钵

这些精巧细致的设计与搭配，在不经意中泄露了主人的考究。虽然不事张扬，却令我们感受到一份挥之不去的贵族气息。这里，耀州瓷让我们感受的不仅是鼎盛时的辉煌，同时也见证了一个时代的吕氏家族。

一个问题油然而生。一户出有宰相的官宦人家，尤其是尚有吕大均、吕大临这样的学者、收藏家，为什么鲜有"五大名窑"的瓷器，就连湖田窑和建窑的瓷器也是凤毛麟角？

直到展览看完，这个疑问才有了令人折服的答案。

风雅之士的另类时尚

琴瑟萧萧、熏香淡淡、排棋布阵、斗茶小酌、笔墨生花、品鉴收藏……从吕氏家族的用品中，我们依稀能够看到，当年那些风雅之士们的生活片段。

宋代是中国传统社会中文人的黄金时代，士大夫阶层地位的提高和城镇经济的发展相互作用，使得雅致的文人生活成为时尚。

在收藏之风盛行的北宋，吕大临、吕大防、吕大忠这样的行家如鱼得水，自得其乐。从展出的藏品中，我们仍可清晰地看到收藏者的学识和喜好，并据此提取出历史的片段记忆。

西周时期的乳钉纹铜簋

战国的龙纹带盖铜鼎

北宋"政和"铭三足砚

北宋"政和"铭三足砚背面

西周的乳钉纹铜簋，战国的龙纹带盖铜鼎、神兽纹铜镜、錾花铜匜、石质单耳杯、海螺杯，汉唐的朱雀铜熏炉、铜盘、灯、执壶、"湖州照子"铜镜、鎏金铜箸等，就连北宋年间的三足歙砚、豆绿俏红边贺兰石砚、蚌雕围棋子和镶银青釉花钵，这些稀世珍宝在唤醒记忆的同时，又令我们叹为观止。

品茶是历代文人不可或缺的生活方式，世代书香的吕家也不例外。建窑出产的黑釉茶具中兔毫茶盏、油滴釉茶盏这类上流社会流行的茶具，吕家有之，可是令族人趋之若鹜的，却是盛产于当地的骊山石（每墓必出）。骊山石的外观简陋，质地疏松，可制出的茶具却有着超常的透气保质功能。虽不入流，已成为吕家独辟蹊径的嗜好，另类却也不失风雅。

宋人品茶考究刁钻，且有约法"三"章：一曰新茶、甘泉、洁器；二曰天气景色宜人；三曰风流儒雅、气味相投之佳客。苏轼的《汲江煎茶》和范仲淹的《斗茶歌》都透露了当时品茶的盛景。

异世同调——观吕大临家族墓出土文物展

北宋骊山石托盏

北宋骊山石瓢

"活水还须活火烹，自临钓石取深清……""斗茶味兮轻醍醐，斗茶香兮薄兰芷。"斗茶又称茗战，这首斗茶歌描述的是流行在文人雅士、朝廷命官中的一种品茗方式，高雅、刺激，主要是斗水品、茶品和煮茶技艺，具有很强的竞技色彩。

然而不知为何，望着展柜中那几把质朴的骊山石壶，脑海中霍然跃出的，却是另一番情景：石杯青盏，茶香缭绕，诗书一卷，悠然自得。

骊山石见证，这或许才是吕大临们创作之余最炫的享受。

在吕家自用的物品中，除了餐具，金银器绝少。仅有的一支男用金簪，还以素面的形式说出了主人另类随意的生活态度。四件小巧玲珑的银质錾花妆盒，除盖顶一朵盛开的牡丹，再无刻意装饰。有趣的是，经专业人员对盒内残留的暗红色物质鉴定后发现，与现代女子装红竟有97%的相同成分。想来，吕家的女人即使活在当下，对化妆品的认识也丝毫不会落伍。

但是，在众多出土器物中凤毛麟角的金银器，恰好再次印证了吕家是一个器用尚质、不嗜奢华的家族。这点正好回答了我前面的疑问。于是，吕家鲜有"五大名窑"瓷器的问题也就迎刃而解了。

前些年，当西方国家所谓的研究者们叫嚣"中国没有贵族"时，却没有听见，一千年前，站在蓝田三里镇五里头村的吕大临们，就已经有了低调且响亮的回答。

家族之痛，蓝田之痛

同处改革开放的时代，尽管"异世同调"的吕氏家族以珍贵文物，让我们见识了千年前的种种辉煌，但是，家族墓地的整体曝光还是令我们万般纠结。

也许是先知先觉，也许早有预感。据陕西省考古研究院专家张蕴介绍，吕氏家族的墓葬有些是经过精心设计的，目的为防盗。

这些防盗性墓葬，有的暗设机关，有的做成疑冢。疑冢分作三层，上、中两层为空墓，藏在最下面的才是实墓。可是，天算不如人算。当年的才子雅士们做梦也不会想到，带领贼人掘墓的却是自己的远房宗亲，守墓人的后代。

天网恢恢，疏而不漏，谁将家族墓地变成盗贼的角逐场，罹难的文物就是他显形的照妖镜。据称，被盗的墓葬仅一穴就掘出文物119件。家族之痛变作蓝田之痛，蓝田之痛又成为国家之痛……

这便是我们邂逅"蓝田吕氏"精品文物的成因。

欣喜还是悲哀？我思，我想！

2013年6月

说起丝绸之路，人们自然会想到由汉武帝凿通的西域丝绸之路和随后兴起的南海水上丝绸之路。然而，却少有人知，早在这两条举世闻名的商路开辟之前，就已经有一条草原之路，在更久远的年代里悄然进行着东西方经济文化的沟通。

曾有人怀疑：早在三四千年前的蛮古时代我们就有了能操多种语言经商的国际型商贩。这可能吗？有幸的是，历史文献和考古发现支持了这个说法的真实。

草原丝绸之路
——时光掩不住的记忆

历史上，最早将东西方文明一线贯通的，不是张骞出使西域后才凿通的"西域丝绸之路"，也不是发锚于秦汉的"海上丝绸之路"，而是一条神秘的草原商贸之路。虽然，那时它还没有名字，但是，这条草原之路却是中国与西方交流的最早媒介。

从茫茫的蒙古大草原到波涛汹涌的地中海腹地，漫漫长路上充满着艰辛与不可预知的危险。勇敢的游牧民族商客们义无反顾地走在上面，一个世纪、五个世纪、十个世纪……，直到将它走成一条连接欧亚草原的大动脉、一条蜚声中外的"草原丝绸之路"。

早在几千年前,该地区每天都有数不清的商队行进在此路上

古往今来,在这条大动脉上,大流士、亚历山大、月氏、匈奴、汉武帝、唐太宗、哈里发、成吉思汗及其子孙们曾相继叱咤风云。

鹿首骨饰
在位于古草原丝绸之路上的新疆吐鲁番市交河沟西墓地出土,是骨雕中的珍品。

草原上剽悍的商客

公元前10世纪前后，一场席卷欧亚大陆的气候巨变，借大自然之手，将大量水草丰美的天然牧场赐予了生活在这一区域的人们，为大规模游牧活动提供了充足的资源。

美丽的风光、自由自在的生活，使得许多原本定居的古民族迅速向游牧生活转变，于是，广袤的欧亚草原上兴起了多支游牧部落。

边地贸易是当时游牧人口聚集区颇为活跃的一种商业活动。因为，简单的游牧经济无法完成生活必需品的加工与生产，于是易货交换便成为一种普遍的生活样式，例如用动物皮毛、奶制品换工具、布匹、陶器等。

易货交换培养了草原人早期的商业意识。公元前8世纪，希腊出现了农耕转商的"大移民"运动，其中有一支向北越过赫勒斯谤深入黑海沿岸。这群古希腊人与黑海北岸游牧的斯基泰人贸易频繁，谷物、羊毛和奴隶，都是他们交易的物品。年复一年，随着经验的增长，易货在某些部落已经由最初的被动交换，变成了自主外出购货的形式。阶级的形成，又使商品的内容由原先的生活必需品扩展到金器、首饰、丝绸等奢侈品。

几个世纪后，人口膨胀使得各部落不得不加快扩张的速度。为了争得优良草场和更大的属地，部落与部落间的战争愈演愈烈，人口与资源的矛盾开始令游牧部族手足无措，于是天灾袭来的时候，他们便疯狂地冲向能够让自己不挨饿受冻的南方，并最终将战火烧向定居人群。

在与农业文明的战争中，头脑聪明的部落首领汲取了营养，学会因地制宜，采取半游牧、半农耕，兼顾劳力搞经商的生产模式。于是，这样的部落便很快富裕强大起来。他们派出的马帮是驰骋在欧亚草原上最早的商客，在大胆的探索与行走中，游牧者撞开了东西方文化交流的大门。

长脚的中国丝绸

20世纪末，公元前2世纪以前的草原商路对我们还是一个神秘的未知世界。"皮毛之路""黄金之路""玉石之路""佛教之路"……，都曾经是它的称谓。直到"丝绸之路"这个内涵丰富而又浪漫的名字出现，历史仍然对这段记忆缄默不语，只留下蛛丝马迹让我们寻觅。

1993年，美国《自然》周刊（3月号）发表了一封来自维也纳大学考古研究者的信。信中称：中国丝绸早在公元前10世纪就已经流入古埃及。并进一步披露说："我们通过电子显微镜观察一具从底比斯出土的木乃伊头发取样，发现在鬈发间有一束类似丝绸的织物。为了证实这些织物是否就是丝绸，我们采用了多重内部反射红外线试验法对其进行无损伤鉴定。结果，光谱清楚地告诉我们它正是丝绸。"

这个发现，颠覆了我们对远古人类出行时间和出行能力的认识，并将我们古代民族国际化贸易的时间表向前推进了800年。

乌拉干河畔的巴泽雷克古墓中公元前5世纪的丝绸制品；印度河流域公元前4世纪的丝绸残片……；都在证明着：在西域丝绸之路开通之前，让中国丝绸长脚的是一条神秘的草原商路。

仅存于中原的少量文字记载中透露，中国第一位出访西方的元首是西周天子周穆王。公元前10世纪，他从中原出发，驱车向西而行，抵达中亚的一些氏族部落，以丝绸为国礼赠送给友好邻邦，深得欢迎。这是关于丝绸西传最早、也是唯一的记录。

细心的人发现，公元前2世纪以前，西方或中国的文献记载，似乎都格外关注新疆地区的北部（阿尔泰山区和准噶尔沙漠以北的草原）北纬50℃的地方。这里曾发生过什么特别的事情吸引了那么多执着的关注？

希腊诗人阿利斯铁阿斯的长诗《独目人》（公元前7世纪末）中，透露了惊人的发现。历史学教父希罗多德在公元前5世纪，也对这里的情况做出了令人称奇的报道。更令人兴奋的是，两人的见闻竟然在我国历史文献《穆天子传》《山海经》《周书》《国语》等著作中得到印证。于是，我们依稀看到了中国丝绸跨越山巅草原轻盈的步履——从内蒙古草原的河套地区出发，向西北越过阿尔泰山；再沿着额尔齐斯河，穿过南西伯利亚草原；然后向西，到达当时居住在黑海北岸的斯基泰人地区……

谜底，就是这条公元前7至2世纪横贯欧亚大陆的草原丝绸之路。

同时浮出水面的还有锁定了生活在草原之路东方的那个部族，就是最先让中国丝绸长脚的人。

《史记》中简约的文字告诉我们：秦时（公元前2世纪以前），北方草原上活跃着一支强大的骑马民族，它的名字叫月氏。

月氏是当时北方草原上极为强盛的游牧民族，拥有着从蒙古草原到天山以北（阿尔泰山以南）的大片地域。并且"曾北凌匈奴"。就连后来带领匈奴强大起来的一代枭雄冒顿，也在月氏的大营里当过人质。半个多世纪后，月氏民族退出了北方草原的角逐，西迁中亚，推倒了欧亚版块人口迁徙的多米诺骨牌，这是后话。

从史料中极少的记载里，我们得知，月氏民族是一个善于经商的游牧民族。他们由于经营中原地区玉的贸易，曾被冠以"玉的民族"之美誉。《管子·揆度篇》说：中国自古以来都是"北用禺氏之玉；南贵江河之珠"。并进一步详述："禺氏边山之玉"（禺氏即月氏）、"玉出禺氏之边山。"所谓边山，古称昆仑山，今称阿尔泰山，当时为月氏的领地。

秦穆公时，月氏成为秦国与西方各族货物交流的中介。月氏人将玉贩运到中原换回丝绸，再将丝绸转运到西方，换回黄金和货品，由此又被西方称作"绢的民族"。由于贩运量庞大，以致使西方产生了误解。据古罗马地理学家斯特拉波《地理书》中误称：公元前2世纪前后，巴克特里亚（今阿富汗）曾将其疆土拓展到"赛里斯"（中国）。

真相大白，作为草原民族的月氏人就是史料记载中最早放飞中国丝绸这架巨大风筝的人，也是最早开创草原丝绸之路的始作俑者。

这一时期，中国丝绸翻越崇山峻岭、踏过草原河流，远销印度、伊朗、埃及、希腊、罗马甚至非洲国家，让全世界在认识丝绸的过程中认识了中国。

也是这一时期，月氏的强盛与匈奴的落魄恰成正比。但是，"挑战强者"仍旧是当时的弱小部落匈奴的伟大抱负。做过月氏人质的匈奴王子冒顿此情更甚。

公元前176年，匈奴终于完成

新疆吐鲁番市巴达木墓地出土的金币，金币上的人头像具有典型的西方人种特征，证明此地曾经是草原丝绸之路的贸易重镇

了冒顿的这个愿望。当右贤王带领着匈奴大军队进入月氏的夏季王廷巴里坤时，这个草原丝绸之路上的咽喉要塞，从此落入不谙经商之道的匈奴人之手。

从罗马丝绸价格暴涨的现象，可以想见匈奴人为商的强悍气概。

昂贵的"赛里斯"珍宝

"赛里斯"（Seres，产丝之国）是公元 6 世纪以前西方对中国的称谓。在长达 10 多个世纪的岁月里，丝绸——这个"赛里斯"珍宝，在西方人眼中就是中国文化的象征。

早在殷周时期，我国丝绸的制作技艺就已经相当成熟。绢、绮、锦三大品种完美地拓展了丝绸的各项使用功能。华丽的外表与柔韧的内涵，将高级衣料与艺术品有机的融为一体，令所有见到它的人都爱不释手。

《荷马史诗·奥德赛》中，透露了古希腊人使用丝绸的细节："……从门阈直到内室，椅子上都放着柔软绮罗。"希罗多德、色诺芬著作中提到的帕提亚人（古波斯人）的米底亚式服装（Medic dress）；埃及女王克里奥帕特拉身穿丝绸外衣接见外国使节；雅典卫城巴台农神庙中石雕女神迷人的丝裙；意大利那不勒斯博物馆中酒神巴克科斯的女祭司（雕像）轻盈飘逸的绸服……都反映出丝绸在欧亚大陆风行的盛况。

罗马的贵族们更是一见到这种轻盈柔软的织物便为之倾倒。

公元前 48 年，凯撒大帝在一次为他举行的庆功盛典上，脱去外套、露出轻柔华丽的丝绸长袍时，在场的所有人都为之震动。不久，凯撒又身穿丝绸长袍去罗马剧场观看演出，光彩夺目的华服竟引起贵妇人们的一片惊呼。于是，穿着丝绸服装很快就在罗马成为时尚。随后，又转化为一种集体的狂热迷恋。就连大名鼎鼎的探险家哥伦布，在发现美洲大陆前，也用丝绸作为悬赏——最先发现大陆者，赏丝绸上衣一件。

古罗马为丝绸狂迷，丝绸的价格水涨船高。在当时的罗马市场上，一两丝可抵黄金一两，一匹丝绸（25 两重）可卖得 25 两以上的黄金。

为了支付昂贵的丝绸进口费用，罗马帝国的财政竟然出现了赤字。此事惊动了罗马元老院，元老院为此专门通过一项禁止销售和穿着丝绸服装的禁令。但是，禁令遭到了贵族们的强烈抵制与反对，最后不得不被迫撤消禁令以求得太平。

相伴着西方的热，是东方的冷。

匈奴的横征暴敛，以及向汉帝国不断升级的索要粮食和丝绸引发的战争，使草原丝路无人敢走。昔日繁盛的草原之路风雨飘摇，面临几近断路的阴霾。

汉武帝一方面要联络西域各国夹击匈奴,另一方面亟须发展与中亚各国的商业贸易,故于公元前138年派张骞出使西域。18年后,张骞凿通西域——在张掖、武威、酒泉、敦煌设立河西四郡后,开通了举世闻名的"西域丝绸之路"。随即,大宛(乌兹别克费尔干纳)、康居(今撒马尔罕)、大月氏(西迁中亚的月氏主部,今阿姆河北)、安息(今伊朗)等诸国纷纷派遣使节和商人来到长安。《汉书·西域传》中"明珠、文甲、通犀、翠羽之珍盈于后宫,蒲梢、龙文、鱼目、汗血之马充于黄门,巨象、狮子、猛犬、大雀之群食于外囿。殊方异物,四面而至"的记述,再现了长安上林苑当时的盛况。

曾经喧嚣的西域草原丝绸之路,如今归于平静,而远处的群山间和眼前的石堆中,有着无数的岩画,向后人述说着当年商路上的繁华

一时间,长安城成为中外经济贸易与文化交流的中心。天马(大宛马)、西极马(乌孙马)成批的运入,促进了汉代养马业的发展,仅中央掌管的军马就有40万匹之多。从西域传入的葡萄、苜蓿、石榴、胡麻、胡桃(核桃)、胡豆(蚕豆)、胡瓜、胡蒜、胡荽(香菜)等被大量引进栽种。印度的胡椒、生姜,阿拉伯的香料,埃及的琉璃,罗马的火浣布、夜光璧、明月珠等,走马灯一般出现在长安城的皇宫里,成为贵族的奢侈品。《后汉书》中还有公元166年罗马使节通过丝绸之路来到中国,并在中国建立了大使馆的记录。

汉武帝攻打匈奴的胜利,使草原丝绸之路在匈奴逃离后,再次焕发出生机。巨大的经济利益使各部落的游牧者都嗅到了甜头,剽悍的草原商客们不畏风险,又开创出南线和中线等几条商路。

随着汉帝国对外影响的大规模扩展,结束了阵痛的草原丝绸之路,完成了长达数个世纪的成长期,由单向出行的民间商路,转型为双向往来的国际化通道,与西域丝绸之路、海上丝绸之路并驾齐驱,打开了中西方交流的新纪元。

东晋以后,游牧者学会了生产丝绸的技艺,从此在国际化的商贸序列中脚步更加坚实。"丘慈锦""文锦"都是西域丝绸独创性的品种。到了五代时期，名贵的"金番缎""胡锦""西锦""宿绫"等相继问世，成为与中原易货的重要筹码。元代产于于阗（今和田）的"织金缎"更是被各国商客视为珍宝。

织锦护膊

1995年出土于新疆尼雅遗址双人合葬墓内。其花纹之间贯穿隶书"五星出东方利中国"文字，"五星出东方利中国"一语最早可见于《史记·天官书》，按照中国古代星相学和阴阳学的说法，岁星、荧惑星、填星、太白星和晨星五星如果同时出现在东方天空中，则对中原王朝有利

唐朝统一西域后，突厥退守漠北和中亚草原地带，继之而起的是回鹘族（今维吾尔族前身）。从公元8世纪中期到9世纪中期，回鹘操纵着草原丝绸贸易达百年之久，创造了草原丝绸之路的黄金时代。

唐玄宗天宝十四年的"安史之乱"中，中原战乱，藩镇割据，两京失守。朝廷为了削平叛乱、收复两京，将河西陇右的驻军调回中原，致使吐蕃贵族乘虚而入，控制了丝绸之路的交通干线，切断了中原与西域的联系。

危难之中，驻守安西、北庭两大都护府派人绕道回鹘驻地回到长安，汇报西域的情况。为此，回鹘获得了朝廷的信任和赐赠的大量丝绸。

在西域丝绸之路中断的情况下，为了维持中原与西域及欧亚各国政治、经济的联系，唐王朝启用了早已转入民间的草原丝绸之路（回鹘路）。

此时，虽然处在亚欧古文明间的突厥，控制着中世纪东西交通的通道，吐蕃又一度占据了塔里木盆地、帕米尔高原……，切断了南北两线的丝绸之路。回鹘却仍旧能够与中亚的粟特人联手，经北庭都护府（今新疆吉木萨尔）、伊犁、碎叶，将货物运送出去。

风险与价值互成正比。在此期间，到达罗马的丝绸价格也水涨船高。与长安城里的丝价相比，当时，长安城的丝价是：一匹丝卖一两银（十两银为一两金）；而到达罗马的丝价是：一匹丝卖一至四公斤黄金。

这一时期的草原之路风光无限，过往商队不计其数，运送的货物愈发琳琅满目。从外奴、艺人、歌舞伎，到珍稀动物、鸟类、家畜，皮毛、植物、香料、颜料金银珠宝、矿石金属、书籍、乐器等，五花八门，应有尽有。外来工艺、宗教、风俗等也随商进人，更是举不胜举。

其后，唐代著名高僧释悟空（大月氏人）从印度返回中原时走在这条路上；再往后，长春真人丘处机、蒙古帝国大臣耶律楚材、常德等人都是经由草原之路往来的。

1983年新疆新源县巩乃斯河南岸出土的战国时期的武士俑，面部为典型西方特征，证明在战国时期就有西方人来往此地

能说会道的"回回商人"

14世纪时，大明帝国和帖木儿帝国同时兴起于东亚和中亚，致使天山南北地区成为两大帝国间的缓冲区。为了获取更多的利益，双方竞相调整了对这一地区的亲怀政策。在一系列友好往来中，草原丝绸之路迎来了第二个鼎盛期。

元朝末年，连绵不断的战乱使西域社会繁荣尽散、政治疲弱。桑蚕技术的外泄（552年），使罗马很快便掌握了丝绸的制造技术，给本已萧条的丝绸之路雪上加霜。为了尽快恢复西域经济、加强与西方各国的联系，明王朝迫切需要一个善于经营的商业民族，来承担重新沟通丝绸之路贸易往来的重任。

自从有了丝绸之路以来，斯基太人、波斯人、粟特人、回鹘人先后充当了最积极、最活跃的商业媒介，并屡次将丝绸之路推入奢华的繁荣。然而，今非昔比、物是人非。谁能担当重任？历史将再次做出选择。

即将登上历史舞台的那个重要民族是回族。这支7世纪（唐宋时期）来华经商，后留居的穆斯林"蕃客"后裔，加上13世纪以各种身份从波斯、中亚细亚和阿拉伯等地迁徙东来的各族穆斯林10万人众，成为推动草原之路重返辉煌的重要族群。

由于较早地归顺了蒙古，并在其东征西进的征战中功劳卓著，因此，在蒙古社会中享有比较优越地位的"回回"，经商活动较少受到羁绊。回族商人与生俱来的商业才能，兼做事勤勉、较强的环境适应能力和敏捷的思维，加上天助神授般的语言优势：伊斯兰教的大面积传播，使西域"回回"大多生活在多种语言混用的环境中，一般都能使用回鹘语（今维吾尔语）、阿拉伯语、波斯语、蒙古语等几种语言，少数在长安经商者还粗通汉语。"回回"商人很快便取代了回鹘的地位，成为丝路史上的最后一位商业巨子。

后来的历史证明，精明强干的"回回"商人无愧于历史的选择，他们用聪明才智和勤奋劳动，把西域与明朝的商业贸易往来再次推上登峰造极的巅峰。

史籍中曾记载了丝路商贩带着一群翻译做生意的盛况。即：商人向A翻译讲明自己的意图后，A翻译告诉B翻译，B翻译再告诉C翻译……；然后众翻译将对方商人的意思传回来；再一起将新的说法传过去；最多的时候，一句话要经过七八个翻译之口。

史籍中也同样记录了"回回"商人用7种语言谈生意的传奇，令人神往。但是，倘若知道了西域回回"贡赐"贸易的事儿，就连阿凡提大叔的聪明才智，都显得小儿科了。

明代的西域经济，仍然保留着历史传统。畜牧业占主导地位，农业和手工业水

新疆特克斯县恰甫其海墓地出土的立羊纹铜镜

平较低，需要与中原保持密切的经济联系，以满足日益增长的物资生产和日常生活需求。族群间的分裂割据和相互封锁，更加剧了这种经济的依赖性。因此，朝廷对西域"贡赐"（注：只要西域进贡，就加倍赐之）的怀柔政策深得民心。

由于在西域各地充当使臣的多为"回回"，于是便形成了以"回回"为中介的"贡赐"贸易。首先，他们买通京师的官员，在入贡时，夹带大批货物进入中原。接收完贡赐的同时，也与当地官商完成了私下贸易。之后满载而归，再从丝绸之路将货物销往西域和中亚各国，获利颇丰。为此，"回回"们对进京纳贡乐此不疲。转录几段官方记录即可见一斑：

……帖木儿首遣"回回"满喇哈非思等来朝，贡马十五，驼二。诏宴其使，赐白金十有八锭……；

帖木儿帝国再遣使兼贡绒六匹，青梭幅九匹，红绿撒哈喇各两匹及镔铁刀剑、甲胄诸物。而其国中"回回"又自驱马抵凉州互市，帝不许……

别失八里王沙迷查干遣"回回"思都火者等来朝贡马，赐钞、币、袭衣。时回回撒都儿丁者，亦别失八里人，行商于甘肃……

永乐元年，哈密"回回"马哈木沙·浑都斯一次市马 5000 匹；

永乐 21 年，哈密"回回"兀马儿火者一次市马千匹，驼 300 峰；第二年又市马 6000 匹。

从区区几段记录中，我们看到了"回回"商人"贡赐"活动的过程，同时也揭示出"回回"商人雄厚的资金储备。

15 世纪前后，这种特殊形式的经济交流，逐渐发展成一种稳定的贸易关系，以"回回"为主的西域各地商旅成群结队、不绝于丝路。他们将大量马匹、玉石、皮革、矿产、药材和衣料运往中原，又把丝绸、茶叶、药材、纸张、金银首饰和铁器贩回西域，还兼顾了西域各民族之间农畜产品、手工业制品交流的媒介。

"贡赐"贸易不仅加强了明王朝对西域各族的控制，使呆板的西域经济有了长足的发展，更重要的是，促进了周边地区社会生产的进步。

欧洲君士坦丁堡在窃取了中国的桑蚕技术后，虽然一跃成为欧洲乃至西方的蚕丝工业中心，但是，被打破垄断的中国丝绸仍旧是丝路经济中最受欢迎的商品。能操 7 种语言经商的"回回"，也在草原丝路上留下了永远的佳话。

从公元前 10 世纪到 20 世纪，草原丝绸之路从无到有，从小到大；由分段循环的易货形式，发展为固定的接力式商贸关系，而后又回归到分段循环的供货方式。其中，经历了两次辉煌的鼎盛时期，也遭遇了历史转折过程中的落寞。商道在活跃的草原民族中，培养出一代又一代剽悍的商客。斯基泰人、大月氏人、波斯人、匈奴人、粟特人、突厥人、回鹘人和回族人……，他们都是草原路上的佼佼者。他们用自己的辛劳和才智，为丝绸之路写下了壮美的诗篇，并与历史相拥，成为最美好的记忆。

草原丝绸之路不仅是古代中国的骄傲，也是人类独一无二的财富。

传奇中的远古时代

在公元前那些没有文字的世纪里，历史的健忘与混沌可想而之。神话、传说作为口传历史的一种补偿，曾经在许多考古发现中得到印证。对于这些特殊的历史记忆，哪怕是细小的片段，也极有可能带给我们出乎意料的惊喜。

走过丝绸之路的人对古诗词中的"大漠孤烟""戈壁烽燧""一片孤城万仞山"以及"天苍苍，野茫茫"中的"古道西风瘦马"有了感性的认识。但是，到新疆旅游的人却无法从吐鲁番的葡萄、哈密的大枣和哈密瓜中，品尝到行走在草原丝绸之路上的客商们旅程中的甘苦。

闭上眼睛冥想时，我们总能看到无限美好的事物和将要邂逅的明天，但是无论如何，却无法凭空想象几千年前发生在草原商路上的事情。

或许，我们能从仅存的历史传奇中找到一条疏通远古的遂道？

"赛里斯"传说的话外之音

公元前 53 年，罗马的执政官克拉苏率领 7 个军团长驱直入，企图征服东方。

长途奔袭中，他们遇到了安西（今伊朗）人顽强的抵抗。激战中，勇武的安西将士吼叫着潮水般涌上来，将罗马军团层层包围……

天将正午时，安西人突然展开红彤彤的丝绸军旗，号令向罗马军团发起总攻。如血一般鲜红的飘扬物一下子把罗马人惊呆了，他们以为安西人又拿出了什么威力强大的神秘武器，急忙掉头逃窜。于是，不可一世的罗马军团溃不成军。

克拉苏后来懊悔地获悉，造成他们惨败的红色飘扬物，是前所未闻的丝绸军旗。这种奇特的丝绸来自一个遥远的东方古国，她的名字叫"赛里斯"（丝国）。

一时间，"赛里斯"成为西方人眼中最早的、浓缩了的中国。

中国丝绸华贵富丽的气质，充分调动了西方人对遥远东方的创造者们大胆的想象。公元前5世纪，古希腊人认为：赛里斯人红发碧眼，身材高大，异于常人，通常有20英尺高，寿命超过200岁。

这两段故事传达给我们的信息是多元的，既告诉了我们罗马人认识丝绸的时间；也证实了伊朗人使用丝绸早于罗马的事实；同时暗示我们，草原之路上的客商异常勇武但不是中原人；他们通过接力的方式，分段传递，最终将货物运往地中海。

丝绸之路沿线出土的丝绸残片

那么，蚕丝是哪里来的呢？

公元1世纪，古罗马博物学家普林尼在他的《博物志》一书中说：赛里斯国"林中产丝，闻名世界。丝生于树上，取下湿一湿，即可梳理成丝"。

希腊地理学家波金尼阿斯的说法更为详细有趣："赛里斯人所用织丝绸之丝，来自一种名为塞儿的小虫。此虫的大小约两倍于甲虫，吐丝时如树上结网的蜘蛛。蜘蛛八足，该虫也有八足。赛里斯人于冬夏两季建房舍蓄养此虫，并用此虫所吐细丝缠绕其足。先以稷养四年，至第五年改用青芦饲养。青芦为此虫最爱，虫因食之过量，血多身裂而死，体内即为丝。"

公元380年，希腊作家玛尔赛林又说：赛里斯人的故乡生长着大片茂密的森林，这里的人反复不断地向树上喷水，为的是让树皮变得柔软，由此得到一种绒毛与混合体，从中梳理出纤细柔软的丝线，制成一种网状物，这就是赛里斯丝绸。

三种说法虽然都诉诸文字，来源却起自口头传说。固然可笑，但说明了一个重要问题，就是从公元前10世纪到4世纪的1000多年中，中国的桑蚕技术没有外泄。

神兽"格里芬"与"独目人"

相传,东北方有一座金山,山上藏着无数的黄金。为了保卫金子不被偷走,一只长着翅膀的狮身鹰首神兽镇守在山上,神兽的名字叫作"格里芬"。

据说,远在公元前20世纪,就有了关于神兽"格里芬"的传说。"格里芬"作为草原人的一种图腾,之后被制作成金器、铜器、石雕等各种形式,伴随着人们的生生死死。

公元前10世纪,周穆王西行旅历时,曾经到过这座金山(后来记录为昆仑山,今考证为阿尔泰山)。《穆天子传》中记载说:山上有"皇帝之宫",高大的石冢(坟墓),泉水、沼泽、狼虫虎豹、野马、野牛、山羊、野猪和一种捕食羊和鹿的大雕……

3个世纪后,希腊诗人阿利斯铁阿斯来到这里。新奇的、令人激动的见闻,让他写下了著名的经典长诗《独目人》(*Arimaspea*)。长诗出版后,立刻吸引了西方世界对这一地区极大的关注。

根据《独目人》长诗的残句,我们得知,"独目人"是一支被称为阿里马斯普人的游牧民族,他们毛发浓重,面貌奇特,只有一只眼睛长在前额的正中央。独目人人口众多,骁勇善战,为了夺取黄金,常常与看守金山的神兽"格里芬"展开大战。

5个世纪后,希腊史学家希罗多德来到这片神奇的土地(中亚东北部,阿尔泰山西南),随后,奇特的独目人和长着"狮子鼻和巨大下颚"的秃头人,出现在他的鸿篇巨著《历史》中。《历史》明确指出他们各自居住的方位:生活在斯基太人东边的是秃头民族阿尔吉帕人;往东是伊赛顿人;锡尔河北岸的是马萨吉特人;伊赛顿人东北面是独目的阿里马斯普人。

当我们跟随着穆天子的足迹,翻过阿尔泰山向西,去拥抱希罗多德笔下的诸多

阿富汗月氏人黄金冢出土的格里芬神兽石像

民族时，竟发现一个神秘的奇数出现了，它就是隐身在多处中外史料记载中的"7"。

《穆天子传》中说，周穆王一行越过阿尔泰山口，沿着黑水河（额尔齐斯河）向西走，经过一处绿草茵茵的大平原。这里生活着一个叫鹦韩氏的游牧部落，他们既放牧，又狩猎还兼顾农耕……再向西时，经过一个山口，就来到了有着天上瑶池的西王母之国。周穆王率领军队，在离瑶池不远处的一片平原上，进行了大规模的狩猎活动。湖边，无数的大鸟聚集在那里脱落了它们的羽毛。周穆王令军士们将这些珍贵的羽毛带回，竟装了百车之多。

巧合的是，《山海经》中也记述了关于"一目国"和"秃头国"的故事。于是，早期西方人对东方的记录和东方人对西方的记录，在这里重合了。并且都走到了终点。历史的记忆在这里又活跃起来，从希罗多德的讲述中，我们看到，斯基泰商人每次交易需要7个翻译才能与对方交谈。这说明斯基泰人这个草原商路上早期的媒介，从他居住的里海东端到阿尔泰山之间，至少相隔着7个民族。

《穆天子传》后面的描述恰好证明了这一点。这个结论，与后来的回鹘商人、回回商人在行商中遇到的"7"不谋而合。奇特的契合使我们面前的这个奇数变得丰满起来。

这是否暗示着：西方以斯基太人为主的商道，与东方商道的交汇点就在额尔齐斯河上游地区？

月氏与匈奴的虎狼之争

史籍中，匈奴是个具有狼一样强悍性格的民族，而月氏则是一个以虎为图腾的民族。几千年前，当"狼"与"虎"为了争夺草原丝绸之路而发生战争的时候，恐怕谁也没有想到，最后是"狼"赶走了"虎"。

公元前3世纪末，中国北方草原在经历了多年征战的兼并与重组后，出现了一个相对统一的格局。由西向东依次排列的4支游牧民族是：乌孙、月氏、匈奴、东胡。乌孙的地盘较小，居伊犁西南方；东胡幅员辽阔，居东北方；匈奴居河套地区；天山以北，阿尔泰以南向西是月氏的领地。对于这一时期北方草原上的四方力量，《史记》中略有记载，秦时，东胡强而月氏盛，曾北凌匈奴。

月氏：神秘的失踪者

匈奴统一了草原的大部分游牧部落后，面对的最后一个强敌就是月氏。

月氏是谁？对于它的历史，十多年前，就是许多搞历史研究的人也不了解。所以，我们才会在今天诸多的历史书籍中见不到它的名字。直到2003年，阿富汗黄金冢的传奇文物（带有中国文化元素）惊艳问世后，月氏这支由我国版图中神秘失踪的游牧民族，才开始引起人们的广泛关注。

近年来，在一大批学者孜孜不倦的努力下，散见于中外史籍中的月氏踪迹才纷纷浮出水面。虽然文字稀少，却能让我们对月氏民族有一个大轮廓的认知。

月氏，行国也（游牧）。公元前7至2世纪称雄于北方草原。《地括志》云：凉、甘、肃、延、沙等州地，本月氏国。极盛时，下至河套以北，上至阿尔泰山以南，东起蒙古草原，西达西伯利亚草原都是月氏的领地。考古发现：公元前3世纪初，一封给赵惠文王的信中说：假如秦国出兵，切断恒山一带（山西北部）的交通线，昆仑山（阿尔泰山）的玉石将无法进入赵国。与《穆天子传》中描述的路线一致，恰好在月氏的辖区。据此推断，黄河流域与阿尔泰山地区之间的贸易，正是通过月氏人为中介进行的。

阿富汗黄金冢出土的贵霜王朝的仿金币饰品，贵霜王朝统治者就是月氏人的后裔

春秋时期，月氏人在陇西与秦国建立易货关系；秦穆公时，月氏成为秦与西方各族货物交流的中介。战国时期，月氏统一了河西，正式建都昭武城。此后，康居国（撒马尔罕）的商队常常来到昭武城做生意，并将中国的丝绸销往欧洲。

公元前138年，张骞出使西域，一个重要的任务，就是找到西迁后的月氏人主部大月氏人，里应外合，共同攻打匈奴。遗憾的是，张骞本人陷落匈奴13年。直到他逃回汉朝的5年后，才在大宛以西的撒马尔罕（马尔坎达城，今乌兹别克斯坦东部）找到大月氏人。此时的大月氏人已经建立了自己的城邦，安定的生活和优越的自然环境，使他们不想再回到原来居住的地方，所以没有听从张骞的建议。但是，却从此与汉王朝建立了良好的睦邻关系。

据《史记》记载，之后，大月氏王派往汉帝国的使团，每年少则五六个，多则10余个，每团人数多达数百人，最少时也在百人以上，并且最早（公元前1世纪）将印度佛教传入中国。

公元前124年，大月氏人跨过阿姆河，征服了亚历山大王东征时建立的最后一个希腊化城市——巴克特里亚（今阿富汗），在此终止了西迁的脚步。若干年后，大月氏人以"贵霜王朝"的名字跻身于中亚四大强国，开创了他们辉煌200年的历史。

但是在中国的典籍里，他们依然被称作大月氏。

狼的垂涎

月氏与匈奴虽同为游牧民族，却是两个性格与生活理念完全不同的民族。苦寒之地（蒙古高原）走出来的匈奴，就像他们画在旗帜上的狼一样强悍、凶猛：自己没有，就去抢夺别人的；自己地盘不好，就去抢占水草丰美的。这点不仅在中原的典籍里可略见一斑，一部匈奴史就是最好的见证。

匈奴虽为小族，但由于所居苦寒之地（蒙古高原）气候寒冷、不适合农耕等因素，一遇天灾，便南下中原，抢夺定居者的财富。常此以往，养成了彪猛强悍的性格，也成为中原典籍中多次记载的进犯者。秦始皇统一六国后不久，为了巩固北方边疆，出兵攻打了匈奴。由于准备充分，秦军大获全胜。为了"以示强威，服海内"，5年后，秦始皇又出巡陇西、北地二郡，登上鸡头山（甘肃泾源县西）向匈奴示威，并刻碑立石，颂扬他统一四海的功德。

遭到重创后的匈奴被迫放弃河套地区的地盘，缩回到蒙古高原休养生息。

战国末年，应该是在一场战争之后，匈奴单于头曼为了保证自己不进犯月氏的诚意，将年龄尚小的长子冒顿，送往月氏部落去作人质。十余年后，这个熟悉月氏的叛逆者逃回匈奴部落，先杀死了父亲头曼单于，后自立为王。

十多年后，还是这个冒顿，带领着可怕的匈奴士兵，打败了狂妄的东胡，后又南并楼烦国、白羊国，北降丁零、浑庾，一统大漠南北。

作为一个新生的强盛民族，匈奴登上了草原的历史舞台。同时，拉开了与近邻月氏角逐的序幕。

战争的噩梦

相对匈奴来说，崇尚老虎的月氏性格就显得多元。虽然同样强悍，但由于所居之地水草丰美，又紧邻中亚与西伯利亚草原，加上月氏王聪明的头脑，使月氏充分利用了自己的水土、林木优势和周边资源，多种经营强国富民。尤其是利润颇丰的商贸活动，给月氏带来成长的动力与良好的周邻关系。所以，月氏王国从官员到百姓都不想打仗。月氏的西迁与贵霜王朝的崩溃都证明了这一点。

对于月氏的富庶，冒顿与他的父亲头曼单于一样垂涎已久。但是，头曼单于受部族弱小的局限，只能搞偷袭，抓一把就跑，伤不到月氏的元气。冒顿就不同了，他的抱负远远超过了父亲，他要的是整个北方草原。

但是，月氏毕竟是一个强盛了数百年的草原大国，匈奴对月氏的挑衅与局部战斗打了近40年，未见分晓。匈奴就像一个不知疲倦的打仗机器，不停地攻击、偷袭，偷袭、攻击……

终于，在一次偷袭成功后，匈奴得到了大败月氏人的机会。

被战争折磨得精疲力竭的月氏人被迫西迁，匈奴不仅得到了月氏的地盘，还臣服了月氏留在冬季牧场里的老弱病残者（后称小月氏）。冒顿如愿以偿，即将得到整个草原。

战后，月氏人马向西迁移。

在经过乌孙地盘的时候，不可避免地与乌孙人发生了冲突。于是，月氏王率军杀死了乌孙王难兜靡，并将他的头砍下来做了小便用的溺器。

吃了败仗的乌孙人纷纷败走，投向强大的匈奴。乌孙王年幼的儿子昆莫于战乱时被人藏于草丛中，在狼和鸟的哺育下幸免一死。于是，人们将他奉为神，并将其送给冒顿单于。冒顿很喜欢这个孩子,便将他认为养子。

月氏结束了与匈奴的战争噩梦,西迁伊犁河谷。他们赶走了从前居住在这里的塞种人,占据了他们的地盘。但是,不打仗的好梦只持续了短暂的 20 年。

表现战争场面的岩画

难兜靡的儿子昆莫,在冒顿的抚养下渐渐长大。冒顿不仅立他为乌孙王,还将当年乌孙王的兵将都分归他指挥。

长成后的昆莫为报父仇之心日渐强盛,于是要求杀奔伊犁河,向月氏讨还血债。这期间,冒顿已经去世,他的儿子老上单于即位。老上单于继承了匈奴挑战强者的血脉,同意与乌孙一道出兵,攻打月氏。杀父之仇令昆莫变得异常神勇,加上年轻的匈奴王鼎力相助,他们一鼓作气,将月氏人赶到了阿姆河流域,这才收兵还朝。

疏于防范的月氏王做梦也没有想到,自己的头颅竟然成为乌孙少王昆莫喝酒的饮器。

第二次西迁的月氏人,又一次战胜迁居到阿姆河流域的赛种人,占据了他们的土地。于是,依次类推,月氏人推倒了中亚人口迁徙的多米诺骨牌。

老上单于完成了父辈的遗愿一统北方草原,成为草原上唯一的大国。但是,让匈奴人没有想到的是,他们的厄运随即便降临了。

强大的汉帝国在不堪忍受匈奴的一再挑衅后,向匈奴发动了一次又一次毁灭性的打击,直至将匈奴赶出天山地区。

古道上藏匿的信息

几千年后的今天，当年繁华一时的草原丝绸之路已经归于平静，商路上的古城也已经被历史的风沙所湮没，但是刻画在岩石上的画面却如同照相机一般，将那个时期的场景抽象地保留到了现在。

15世纪前后，欧洲国家相继发起的地理大发现运动，改变了人类历史的轨迹。当欧洲人驾船绕过好望角到达东方后，草原上的围追堵截就只能望其项背、无出其右了。

海上贸易的畅通，亚洲内陆的全面衰落，加之著名的西伯利亚大铁路（在古丝绸之路北面）建成。人们不得不承认，历史的天平倾斜了。繁盛了数千年的丝绸之路，逐渐被淹没在历史的尘烟中。

今天，当古丝绸之路带着历史的尘封再次走向我们时，光阴已经在其古老文明

岩石上的岩画为前进中的商队。在草原丝绸之路上的石头、岩壁上，这样的岩画数不胜数，忠实地记录了几千年来草原丝绸之路的点点滴滴

的辉煌中布下了太多的谜团。让人惊叹的是，丝绸之路所引发的各国间文明的融合、碰撞与交汇，都在近年来发现的古代遗迹中得到了印证。

历史并不健忘，它只是把各种记忆藏在了古道的青山绿水中，看我们有没有智慧和毅力去寻找。

岩画讲述的远古时代

行走在古老年代商贩们曾经徜徉的草原，无论是夏季牧场的山前坡后，还是冬窝子（冬季牧场）里高高的山梁上，都能找到一些刻在岩石上的图画，专业工作者叫它岩画。这些岩画有的像幼童涂鸦原始、古朴；有的如户外写生简洁、真实；更有如大家下笔如神般的作品，令人惊讶过后又为之震撼！

石头是世界上最坚硬、生命力最强的书写载体。聪明的古人早在万年以前，就懂得利用石头来保存作品，游牧人群更是沿袭了这个传递信息的方法，因此，岩画就成为草原丝路上发现最早，数量最多的远古遗迹。虽然岩画的内容不尽相同，却真实地体现了刻画者的生存状态。

在这个布满黑石头的小山包上几乎每块石头上都有岩画

就新疆来说，早期岩画中反映的羊和牛的图形，各地区随处可见。鹿和鹿角作为萨满教的通天神兽也不奇怪。后来又出现了狼与骆驼，群羊、群兽，甚至生殖图。随后，生活场景和地方特色就出现了，如人类的狩猎放牧活动、战争场面、歌舞场面、宗教活动等。

大角羊岩画

反映战争场面的岩画

反映战争场面的岩画，多发现于哈密地区的巴里坤、沁城一带。最有代表性的一幅在沁城的折腰沟。这幅由12名武装骑士及一峰骆驼组成的战斗图，刻在一块长1.4米、宽1.1米、高1米的黑色岩石上。它告诉我们，这不是一场势均力敌的战斗，5个人面对7个人的挑战似乎刚刚拉开序幕，后面的骑士还在向前冲，而5人中的一名武士却已被打掉了兵器……栩栩如生地反映了一段战争的激烈场面。

这幅战斗图为什么会出现在折腰沟而不是其他地方呢？查阅史料后发现，沁城是中原西入哈密盆地的必经之路；又是从酒泉经马鬃山西行途中水草最好的道路；还是北进漠北蒙古草原的便捷通道。因此，不仅是史前时期西去东来，南下北出的战略要地、优质牧场，也是史料记载中烽火连天的古战场。因此，战斗岩画应该是对这里发生过的战争场面最生动的记录。

根据这个重要发现所产生的逻辑，我们又在草原之路沿线的岩画中看出了端倪。虽然这些地区的岩画内容也有羊、牛、鹿和马……，但是却更多地出现骆驼和车的图案，同时，融入了外来文化的因素。

一幅生动的驼队岩画，让我们看到了满载货物的商队从草原上经过的情景；

对兽图中似虎又似麒麟的一双猛兽,将人们的思绪引向遥远的古罗马殿堂;

最令人神往与遐思的,是一位身着礼服的欧洲人形象。他头戴一顶鸡冠形的羽毛高帽,右手高抬,左手居腰间,握着一把大大的鹅毛扇,是出现在化妆舞会上的贵族,还是王室的仆人?我们不得而知。

但是,我们能够知道的是:创作岩画的人绝不是凭空想象。他一定看到了这些人和事,抑或是类似的作品。无论如何,这些外来文明曾为草原的多元文化增添了一份绚烂的色彩。

岩画上的人物仿佛是一个来自西方的贵族

从这些粗犷、古拙的岩画艺术中,我们依稀看到当年的月氏人、匈奴人、乌孙人、突厥人、蒙古人等游牧族群的生活状况,看到他们勇猛、剽悍的身姿驰骋在草原的蓝天下。

洋海的天籁之声

近年来,吐鲁番地区最著名的考古发现当属洋海古墓遗址。

遗址产生于2000—3000多年前的西周至春秋战国时期,规模宏大,保存完好。据专家考证,在已经出土的器物中,多种文化元素内涵丰富,不仅具有草原风格,还携有中亚、外蒙古及拜占庭风格。

古墓中出土的一个漂亮的木桶,不仅让我们看到了先秦车师国时期当地手工业的加工水平,同时也领略了域外文化的风姿。

木桶通体饰彩,上下口沿处装饰有连贯的三角纹图案。中间的两排动物造型,先

新疆洋海墓地出土的木桶

刻出轮廓，再施以黑彩。两个对称的立耳，用于穿系绳子。木桶整体设计简洁流畅，却不失艺术特色，反映了古人对美好生活的追求与创造能力。

动物图案中奔跑的狼和野山羊（上排2狼1羊；下排3只羊），再现了草原上的自然生活情态，是大自然赐予人类最佳的创作素材，草原风格溢于言表。虽然属模仿之作，拜占庭逸风却惟妙惟肖。

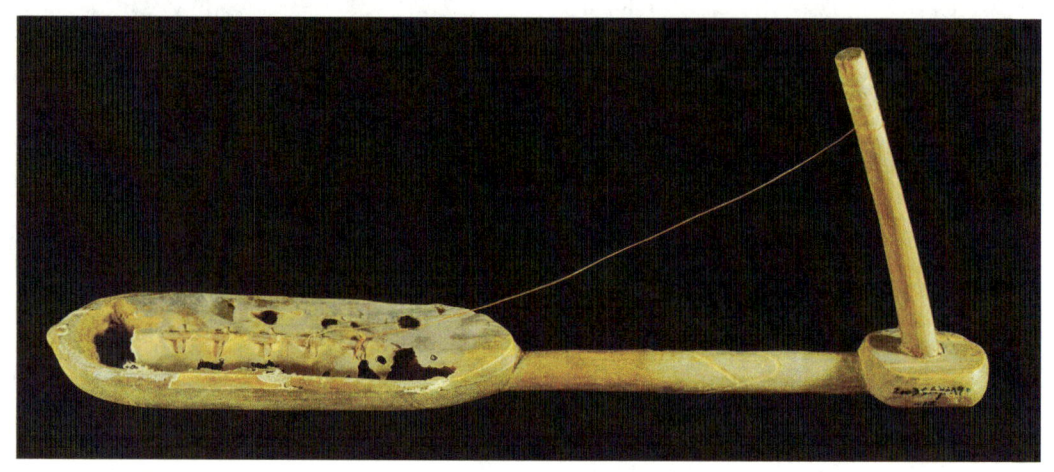

新疆洋海墓地出土的箜篌，也叫竖琴

最引人注目的是两件竖箜篌。由于地处火焰山南麓，气候干燥，沙土夯实，两件乐器出土时，基本保存完好。竖箜篌起源于西亚的美索不达米亚，据记载，最早出现在古巴比伦、埃及和希腊的音乐中。它由整块的胡杨木刻制而成，有音箱、颈、弦杆和弦4个部分。音箱上口平面呈长圆形，底部正中有三角形发音孔，口部蒙有羊皮，发出的声音清朗悠扬。竖箜篌最早传入我国中原地区有文字记载的时间是东汉，而新疆且末出土的竖箜篌，时间是公元前5世纪前后。专家考证，从洋海和且末两地出土的竖箜篌，形制与埃及、西亚的箜篌十分接近，应该是起源于西亚，公元前后由西域传入中原。

洋海的地下埋藏还告诉我们：苏格兰呢早在遥远的青铜时代就由西向东传到了吐鲁番盆地；马具的形制、陶器、木器等器物上的装饰图案与欧亚草原文明极其相似；它们中绝大部分与阿尔泰山区（远古游牧民族的起源地之一）的出土文物相吻合。更有意思的是，洋海还出土了战国时期的丝绸。它说明，在西方文明东渐的同时，东方文明也在向西渗透。

此外，发生在草原国度的仿制拜占庭金币之风，也让我们看到了地中海与西域的密切关联。草原民族喜爱金银饰品，又守着盛产黄金的阿尔泰山，所以仿造起来得心应手。吐鲁番巴达木墓地出土的拜占庭金币，就是唐代该地区的仿制品。虽系仿制，却曾一度在市面上流通。

仿制品与拜占庭金币在大小、图案、样式上都完全相同，也是由模压制成，唯一不同的是比真币薄了一些（或许为发行便利）。这种金币深受人们的喜爱，一些游牧者还将其当作饰品，穿在项链上（在多个地区发现）。

这股地中海刮来的劲风，伴着竖箜篌的天籁之声，在西域丝绸之路开通前的数个世纪，就已经飘到了草原国度吐鲁番，飘进洋海的天空。

哈密与埃及的距离

如果你去过埃及首都开罗，就一定知道，中国有一个城市的老街区与那里如影相随。成片的大小麻扎（古代墓地）混杂在民房与商户间；大大小小的清真寺穿插在城市乡村的各色建筑中；似曾相识的店铺、门脸儿上的伊斯兰文字将世界的距离浓缩……

中国新疆的哈密与地中海城市开罗究竟有多远？历史的回答不仅仅只是一个简单的数字。宗教文化把麻扎、寺院、民居及鲜活的世界画在了一个圆里。著名的哈密回王陵、盖斯麻扎（"盖以斯安沙日热孜也胡安胡"之墓）、艾提卡尔大清真寺、别具特色的"回回"街，共同为我们讲述的，不仅是一个民族的迁徙，还有它们在那个时代的辉煌。有心人还会发现，在这些建筑中，中原传统的木质结构与中亚的生土砖混结构相得益彰。

庞大的白杨沟寺庙遗址，是哈密早期佛教文化盛行的见证。公元前1世纪，大月氏人的高僧，就是沿着草原丝绸之路将佛教文化传播到这里。直到15世纪伊斯兰教进入哈密时，佛教仍然是哈密的主流信仰。又过了2个世纪后，才逐渐衰落。庙尔沟石窟寺、小南湖佛塔等都是这个时期的建筑。与埃及文明不同的是，土木结构的建筑抵挡不住岁月的蚕食，只剩下一堆夯土。

在地下出土物中，伊吾出土的西汉羊柄铜镜是发掘者们的骄傲。铜镜风格独特，形象生动，带有浓郁的欧亚草原风格。这种颔首立羊长角向后呈波状弯曲的造型，在蒙古、阿尔泰地区及阿富汗的墓葬中都曾出现过。圆镜上方的立羊，造型简洁饱满，后背铆合着一个"T"形钩袢，方便随身悬挂携带。由此，让我们想到悬挂它的人对这柄铜镜的心爱。虽然这类铜镜在新疆仅发现一件，却让我们看到了各族草原人之间的联系。

唐代的莲花瓦当，带有明显的宗教文化色彩，它的莲花纹和环绕的连珠纹是佛教文化的体现。由于出土于拉甫却克古城（哈密五堡乡），间接证明了在唐代哈密地区佛教文化兴盛的历史。

新疆伊吾出土的西汉羊柄铜镜　　唐代的莲花瓦当，带有明显的宗教文化色彩

灰陶扁壶又叫陶虎子，泥质灰陶材质，是一件很亲切的民间用品。它虽属手工制作，设计构思却不简单，扁圆形的壶身上设有假盖，盖上做一圆钮，周边三圈串珠纹和肩部的圆形双系，把一件简单的民用品做出了艺术的意蕴，与洋海的木桶有着异曲同工之妙。

汉代的单耳管流罐与唐代的双耳灰陶罐，与中原这一时期的造型都有着很大的区别，但与地中海的水瓮、陶罐却接近了许多，个中的文化传承难以厘清。

在艾斯克霞尔的古墓中（距今3100年），我们看到大量毛织品、皮革制品、骨角器、砺石、铜刀……这说明，那个时期的哈密畜牧经济比较发达。此外，还有较发达的毛纺业、皮革加工、木器加工等方面的产业能力。纺织、染色、缝纫技术也都达到了较高水平。这些迹象表明，哈密不仅是古代西域与楼兰、高昌齐名的繁华名城，而且与中原文化交流往来频繁。

巴泽雷克古墓出土的的老鹰羊毛制品

"金山"阿尔泰

在俄罗斯国立列宁博物馆里，有一批著名的"斯基泰——西伯利亚"金器，这些精彩、独特、极富表现力的黄金制品，集中反映了从黑海北岸至西伯利亚诸游牧部落的草原艺术。在这批金器中，有一部分就来自阿尔泰山区。

阿尔泰山区是一个充满传奇与谜团的地方，无论是西边的"独目国"和"秃头国"，还是东边的"格里芬"，都会让人产生绮丽的幻想。所以，好奇又富有勇气的希腊诗人阿利斯铁阿斯才会沿着斯基太人的贸易商路，从黑海沿岸的塔纳伊斯向东方进发，翻过乌拉尔山，抵达阿尔泰山脉，来到布迪伊诺——一个周长只有5.5公里的希腊殖民城市。他听说，在最远的贸易地点阿尔吉派欧伊（秃头国），斯基太人将带着7名翻译与来自东方的商客交易。

遗憾的是，阿利斯铁阿斯并不钟情于商贩们的交易，所以，只写下长诗《独目人》（公元前7世纪末）。更为遗憾的是，历史学教父希罗多德在2个世纪后，沿着同一条商贸之路来到这里，也没有在长篇巨著《历史》中留下更多的线索。阿尔泰山如果真的有灵，它会以怎样的方式告诉我们曾经的历史呢？

3000多年后，苏联考古学家鲁金科披露了他们在阿尔泰山区的发现：

我们在阿尔泰发现了一些显贵人物、主要是部落首领的石顶巨墓，由于墓土封冻的很结实，墓中还很好地保存了中国的丝织品和其他物品；

这些巨墓中的中国丝织品，有些是用大量捻股细丝线织成的平纹织物；

有些是织有花纹的精细织物；这些织物有小块的，也有整幅的，用来盖在逝者皮衣服的上面。

巴泽雷克 5 号墓出土的茧绸特别精致。……这是一块鞍褥面，上面用彩色丝线、连环针脚刺绣着凤栖于树上，凤飞翔于树间的图案。"

据已故的苏联汉学家阿列克谢耶夫院士说，这类丝绸是中国制造，供最富有的人们尤其是公主出嫁时用的。题材与中国古代关于凤凰的故事有关，凤凰飞翔在壮硕的梧桐树之间象征着宫廷的昌隆。

相继出土的瓷器、佛像、拜占庭金币、波斯萨珊王朝银币、波斯银壶等诸多历史文物，都印证了早期东西方文化的交流。中国与阿尔泰居民的关系水乳交融，而且，这种交流从公元前 10 世纪中叶就已经建立。

从巴泽雷克古墓中来自战国时期中原的漆器、凤鸟纹丝绸和秦式铜镜，到西周墓葬中高鼻深目的贝壳雕人像、河南殷墟的商代战车中，都不难看到东方文明和西伯利亚草原文明的影子。这里凝聚和吸收了印度、罗马、波斯、中国等诸多文化因素。事实上，丝绸之路早已超越国界，将古老的东方文明与西方文明联结在一起。

聪明、剽悍的游牧民族商客，正是充当了这一文化交流的信使。他们在艰苦、漫长的岁月中，经历了凤凰涅槃般的脱变，将游牧文明与丝路文明融为一体，焕发出不朽的活力。

最后一位骆驼客

日月轮回、草衰草长。3000 年岁月和着驼铃永不停歇的歌唱，伴随着草原之路从青涩、流光溢彩的盛年，走到了暮年。

1825 至 1886 年，火车与汽车的相继问世震惊了世界。20 年后，这两匹神奇的"机械马"在改变了世界距离的同时，也改变了人们的生活方式。面对机械化的挑战，草原商客将何去何从？

骆驼客的向往

带着一肚子的疑问，我们来到了草原丝路的咽喉要塞巴里坤。

巴里坤水草丰美，不仅是当年月氏与匈奴人争抢最为激烈的地方，也是汉武帝 7 次打击匈奴时，汉军长驱直入的地方，还是骆驼客产生年代最早、人数最多的地方。

骆驼客，是当地人对草原商客亲切的称谓。因为每次商队到来时，人们最先看到的是成群的骆驼，所以，商贩们也就跟随有着沙漠之舟美誉的骆驼而得名了。

在老朋友彭兴礼的陪同下，年近9旬的骆驼客刘学信老人，用阳光般的笑脸迎接了我们。别看他已进入高龄，却身材健硕、气色红润。他虽然右耳听力不太好，双膝因承受了太多的跋涉之苦，起身时需要一根拐杖帮助外，却依稀能够让我们看到他当年的强壮。

刘学信老人家有兄弟3人，由于父亲是当地著名的骆驼客，两个哥哥一成年就子从父业，跟随着驼队踏上了漫漫征途。说起父亲，老人十分骄傲，不仅因为父亲去过的地方，许多他都没有走过，还因为父亲口碑好、人缘好、气魄大，最多的时候曾经拉过1000多头骆驼。

丝绸之路行进中的商队

草原商客们管理商队的方式有如军队建制。驼队分为3个阶梯：队、房、链。组织结构为：一链骆驼12—15头；一房骆驼为10链（120—150头）；一个人管理一链。按照这个结构，一千多头骆驼相当于100链，光驼工就需要100多号人，这样一支庞大的驼队，出征时其壮观的场面可想而之。当然，要管理好这样一支队伍，需要的魄力和组织能力也不是一般人力所能及的。一时间，连我们也对老人的父亲肃然起敬。

关于刘学信父亲的故事，草原上曾有过不少传说，加上哥哥们眉飞色舞的描述，于是，当个骆驼客就成了刘学信少年时的梦想。

16岁那年，刘学信终于如愿以偿，循着父亲和哥哥的脚步踏上了草原的路。

骆驼客的生活十分艰苦。日晒雨淋、风餐露宿，还要时刻提防狼虫虎豹、强盗土匪的侵扰。如果不幸遇上这些灾祸，轻者伤人，重者连骆驼带货物都被抢走，骆驼客只能落得倾家荡产。但是，像父亲那样做一个了不起的骆驼客的信念，支撑着刘学信不停歇地朝前奔。他不怕苦，也不怕累，只是想把自己的驼队做得大一些，更大一些。

当我们问起老人，他最多拉过多少头骆驼时？老人略显惭愧地回答，只拉到10链（100多头骆驼）。停顿了一下后，他叹了口气补充道：兵荒马乱的生意不好做。从老人的话语里，我们看到了一个时代的无奈。

从清朝到民国，刘学信父子见证了草原路上的兴衰。

87岁的刘学信（右一）还记得巴里坤到乌鲁木齐沿途的驿站

商路上的生活

民国时期，土匪、兵患的阴影使草原之路再次陷入萧条，回归到当年民间易货的起点。刘学信老人的父亲曾经走过的中亚、外蒙古等地，到了刘学信这一代已经无法再走。开始他还去过霍城、伊犁、塔城，后来，就只走到乌鲁木齐便打道回府了。

每年9月，是骆驼客们出门奔波的日子。此时，巴里坤已经进入下雪的季节。气候虽然寒冷，却能够保证运送的货物不会霉烂变质。再说，经历了半年的休整，无论是骆驼，还是人，都格外想念草原上那个漂泊动荡的世界。他们从巴里坤拉着空驮子出发，沿途开始进货（每头骆驼可背155公斤），以每天三四十公里的速度，经吉木萨尔向乌鲁木齐进发。

路上的生活简单而按部就班。早上9点起床，喝点热水，啃上几口干粮，一天中最繁重的劳动就开始了。驼工们分成两大部分：一部分管理骆驼和货物；一部分负责烧水做饭搭房子。管理骆驼的两人一组，将装满货物的驮子给骆驼驼上；负责后勤的人拆卸前一晚支起的锅灶和帐房；这个活一直要干到中午才能结束。吃过午饭，驼队出发，披星戴月走到晚上10点，才落脚打尖。两组人依旧一组卸货（包括早上早起去放骆驼），一组人盖房烧开水，直忙到午夜时分，才能坐下来喝开水吃干粮。

到达乌鲁木齐的日子，是商客们的节日。这几天，他们住在旅店里，白天有热汤、热饭，晚上躺在舒服的床上睡觉，人人都有着到了天堂的感觉。在乌鲁木齐将货物变现后，他们又购进新的货物起程去伊犁。

相对北疆的气候，这一线还不那么寒冷，途中的每一站，驼队都会卸下一些货物，再购进一些货物。从伊犁启程时，驼队又换进了新一轮货物运往霍城，然后将边境易货的商品带回乌鲁木齐。

离开乌鲁木齐时，驼队驮满货丰。由于货品是带回巴里坤沿线的，所以，当驼队返回巴里坤时，每个骆驼身上的驮子都缩小了不少。

几天后，驼队再次空仓出发。

此时的巴里坤已进入冬季，天寒地冻，每个晚上都要搭建帐篷，人虽冷了点，包裹着麻布和羊皮的货物却很舒适。否则，他们如何能将鲜鱼和果菜运送到买家手中？

春节过后才是他们一年中真正舒心的日子，老婆孩子热炕头，哪儿哪儿都透着一个热乎。因为在路上，最好的饭食就是一碗清水煮面条。

再见，草原路！

20年的风雨跋涉，终于在1958年画上了句号。刘学信和他的草原商客们在此停住了奔波的脚步。虽然，他们没能看到草原丝路上车水马龙的繁盛，却领略了大幕落下时勇士的悲壮。

老人告诉我们说，前些年，他们这些拉骆驼的老哥们儿还在一起聚过，回忆那些洒落在草原路上年轻的故事。这两年，曾经在一起谈笑风声的人，一个个都走了。去年，他的最后一个哥哥也走了，只剩下他自己。

说着，老人低下头，泪水淌落下来……

于是，我们触摸到了这最后一位骆驼客心中的孤独。

访问者们与最后一位骆驼客刘学信老人（前排右二）合影留念。后排右一为作者

新疆折腰沟骆驼岩画，骆驼是草原丝绸之路上不可或缺的运输工具

丝绸之路的兴衰映衬着人类社会关联方式的变革，在这条漫长的古道上，在一串串不朽的名字后面，是一代又一代不畏艰险的人们，和刘学信般勤劳勇敢的草原商客，他们如蚂蚁衔石般，用自己的劳动，在地球上架起一座东西方连接的桥梁。如果没有丝绸之路，我们难以想象人类文明的进程将如何演变、历史将如何发展。虽然如此，我还是看到骆驼客心中难以挽救的失落。

由于天山的阻隔，巴里坤直到今天也没有通火车。汽车的威力却显而易见。昼夜温差大的气候特点，使蔬菜瓜果很难在巴里坤生长，所以，这里的果菜都要到哈密去进货。

一个果菜店老板告诉我，他卖的蔬菜和水果都是鲜货，每天早上有人从哈密开车送过来。果然，在他出售的瓜果中，不仅有产自哈密的西瓜、哈密瓜、葡萄等，还有海南的香蕉、山东的苹果……

我在心中暗自诘问：这些开着汽车的送货人，该不会是当年丝路上草原商客的后代吧？

草原丝绸之路因现代化交通工具的出现而逐渐淡出历史舞台，当年的喧闹已归于平静

作者按：

游牧民族非常喜爱丝绸制品，因此在入主中原后，出现过两次用丝绸印制钱币的历史。一次是金朝，名为"元光珍货"，与白银作比价，以示珍贵。一次是元朝，忽必烈也曾用绸布印造货币，意在增强货币的珍贵程度。由于发行数量稀少，两种丝绸货币除见于史料外，至今未见一张存世。

摄影作者：牙合甫江·法特胡拉、伊弟利斯·阿不都热苏勒、张永兵、彭兴礼、张蕾

原载《中国之韵》2010 年第 11 期

消失在历史迷雾中的骑马民族

谜一样的历史民族

公元前2世纪以前,在中国北方草原上活跃着一支强大的骑马民族——月氏。月氏是当时北方草原上一支强盛的游牧民族,拥有着大约从蒙古草原到天山以北的大片地域。这样一个称雄于北方草原的民族,可以想见,他们不仅拥有水草丰美的牧场、数量众多的牛羊、人数不菲的族人,还应当拥有一支强悍、善战的军队。这点在《史记》中略有记述:秦时,月氏强盛,曾北凌匈奴。

然而,在历史的长河中,只是经历了区区几百年的光阴,这支强盛的民族竟然在中国的版图上消失了,像一位流星般匆匆的过客,在历史的苍穹中划出一道耀眼的光芒后,销声匿迹。

月氏曾经是一个什么样的民族?他们的文化特征是什么?他们曾经生活在哪里?后来又到哪里去了?这些秘密在考古学家、历史学家和语言学家的艰难寻找中,于20世纪之后,渐渐浮出水面。

淹没在《史记·大宛列传》里的久远故事

匈奴王曾是月氏的人质

在公元前7至5世纪的中国北方草原上,从西向东同时生活着四支大的游牧民族:乌孙、月氏、匈奴、东胡。当时的态势是东胡强而月氏盛。匈奴夹在两强中间,和亲或是将王子送去强国当人质,这是当时弱者讨要和平的方式。

战国末年，匈奴单于头曼将年龄尚小的长子冒顿送往月氏部落当人质。头曼不喜欢这个儿子，也不希望冒顿回去继承王位，便在冒顿长成后频频向月氏挑衅，企图借月氏王的手杀了冒顿。

冒顿聪明，发现父亲的企图后，他趁看守人员松懈之机，偷了一匹马逃回匈奴部落，向父亲实施复仇计划。

冒顿制作了一种叫作鸣镝的响箭。他向部下宣布，我的鸣镝飞到哪里，你们就必须把箭射到哪里，不射者，杀！冒顿先是用鸣镝射自己的坐骑，后又用自己最漂亮的一个阏氏（妻妾）做靶子，并且杀掉了没有跟着他射箭的部下。之后，冒顿用鸣镝指向父亲的宝马……；终于，在一次头曼单于外出打猎的时候，冒顿将鸣镝指向了父亲。部下们争相发箭，老头曼终于倒在了血泊之中。

在秦末楚汉相争之际，冒顿自立为单于，匈奴开始强盛。

匈奴王冒顿

不久，一向骄横的东胡王给冒顿传信儿说，他想要冒顿坐下的千里马。冒顿问部下给不给，部下说不给，冒顿却说，给。东胡王顺利地得到宝马，得寸进尺，又索要冒顿喜欢的一个阏氏。冒顿再问部下给还是不给，部下说不给，冒顿又给了，还教导部下不要因"爱一马""爱一女"而影响周邻关系。东胡王轻而易举地得到了冒顿的两个心爱之物，便以为冒顿软弱可欺，再次提出更加无理的要求：占一块两国之间曾约定保留的隔离区，并称其为"弃地"。冒顿大怒：千里马可给，女人也可给，国家的土地不能给！于是率军突然袭击，一举打败了毫无戒备的东胡。

东胡败军后，分两支逃亡，各自迁徙到大兴安岭一带，成为后来的鲜卑与乌桓。匈奴作为一个可怕的强盛民族出现在草原的历史舞台上。同时，窥视着西边月氏的疆土。但是，月氏是强盛的，他们之间的战争无法一朝一夕决出胜负。

乌孙王与月氏有着杀父之仇

月氏和乌孙是草原西边两个紧紧相临的游牧民族。由于月氏强，乌孙弱，在连年的磨擦中，乌孙人总以吃亏而告终。

匈奴第一次大败月氏后，月氏被迫西迁，于是同乌孙发生了冲突。月氏王率军攻打乌孙，杀死了乌孙王难兜靡，还将他的头砍下来做了小便用的溺器。乌孙人纷纷败走、投向匈奴。

乌孙王年幼的儿子昆莫在战乱中被人藏于草丛中，在狼和鸟的哺育下幸免一死。于是，人们将他奉为神，并将其送给冒顿单于。冒顿很喜欢这个孩子，便将他认为养子。

月氏西迁伊犁河，打败了居住在这里的塞族人，占据了塞族的地盘。但是，他们在这里只居住了短暂的20年。

昆莫在冒顿的抚养下渐渐长大。冒顿不仅立他为乌孙王，还将当年乌孙王的兵将都分归他指挥。长成的昆莫为报父仇之心日渐强盛，于是，请养父冒顿帮助，向月氏讨还血债。匈奴与乌孙一同出兵，打败了月氏。于是，月氏王的头颅成为昆莫喝酒用的饮器。

昆莫仍不解气，又借助匈奴的兵马，一鼓作气将月氏赶到了阿富汗、乌兹别克一带的阿姆河流域，才收兵还朝。

推倒的多米诺骨牌

月氏人兵败后，分成两支撤离：一部分老弱病残向南迁移，进入今祁连山以南的羌人区域，叫作小月氏；另一支强壮的大部进入中亚的阿姆河流域一带，称作大月氏。

这期间，汉武帝曾萌生了联合月氏抗击匈奴的想法，派张骞出使西域，联合月氏抗击匈奴。十余年后，当张骞历经千辛万苦到达大月氏时，大月氏人已经习惯了当地优裕的生活，再也不想和匈奴打仗了。

根据斯特拉波的《地理志》记载，古希腊的马其顿王东征后，在阿姆河流域的西岸建立了一个曾经强盛一时的希腊化王国——巴克特里亚。月氏第一次西迁至伊犁河谷地带时，居住

贵霜国王迦腻色伽一世

在这里的塞族人被迫西迁至中亚地区，并最终导致了巴克特里亚的灭亡，建立了大夏王朝。大月氏第二次西迁至中亚后，再一次打败了塞族，征服和统治了大夏，建立了强盛的贵霜王朝。在大月氏西迁的过程中，多米诺骨牌的效应显而易见。

散落在记忆中的寻找故事

寻找古月氏人的足迹

2002年夏末的一个夜晚，在敦煌去往西安的312国道上，一辆五十铃皮卡工具车向右翻滚了三周后，又奇迹般地站立在戈壁滩上。不久，车上下来了两个人。当发现唯一的通信工具手机已经身首异处后，他们相搀着走上公路。这时，其中的一个人倒了下去。

倒下去的，是西北大学文博学院考古系教授王建新。伴随着他的车祸负伤，一个中国学者对古月氏人的寻找与追踪，带着令人振奋的气息浮出水面。

他断了八根肋骨，右肩锁骨骨折，留下了终身残疾。在医院里，说起受伤与治疗的过程，他矜持而神情暗淡。可是，说到目前正在研究的课题时，眼神里却瞬间迸出了跃动的火花。

甘肃之行的发现是突破性的，不仅证实了他关于游牧文化遗址"沿山分布，近水而居"的判断，还找出了遗址、岩画和墓葬这个三点组合式的共存关系。

见我对月氏民族一无所知的样子，王建新告诉我说，大月氏是一个了不起的民族，他们的迁徙不仅引发了古代欧亚大陆历史的重大改变，还在中亚地区遗留下大量与印欧语系相关的古代语言和文字遗存。显赫一时的贵霜王朝，又将这些语言和文化的传播发展到了极致。因此，对古代月氏文化的研究，一直是国际史学界和语言学界的热门课题。

那么，究竟是什么阻碍了国内月氏文化研究的步伐呢？王建新坦然回答，首先是月氏在中国境内活动的时间、地域未能得到确定；其次，用农耕文化研究中形成的中国考古学理论和方法体系，去研究游牧民族文化，缺乏针对性。

但是，对于这样一个根据《史记》《汉书》等可靠文献记载，曾经生存于中国境内的古代民族，怎么能让他们留下的文化和信息成为千古之谜！王建新的执着让我们离这个谜底由远变近。

所以，他说自己的伤没有白受。

去哪里寻找月氏？

《史记》和《汉书》中明确记载，月氏居于"敦煌、祁连间"。《后汉书·西羌传》《史记正义》均认为：月氏居敦煌以东，祁连山以西；敦煌郡在今沙州，祁连山在甘州（今张掖）西南。

奇怪的是，文献中指正的地区却找不到游牧民族生存的信息。

唐代学士颜师古的说法似乎柳暗花明。他在为《汉书·霍去病传》作注时写道："祁连山即天山也，匈奴呼天为祁连。"并明确指出：祁连、敦煌间应指"祁连山以东，敦煌以西"。

猎手们都知道，要想找到猎物，就一定要到猎物喜欢去的地方。找人、寻物亦是如此。

月氏是一个游牧的骑马民族，游牧民族喜欢"逐水草而居"的习性世人皆知。牲畜要吃草，人畜要喝水。所以，没有水草的戈壁地区不可能有游牧民族生存。王建新不容辩驳地指出。

一年中的两次转场，是大自然赐给游牧民族一种近乎浪漫的生活方式。夏牧场（夏窝子）大多选在海拔较高的山地草场北坡河谷地带，这里水丰草厚，一顶毡房，人、畜就可以度过一个清凉的夏天。冬牧场（又称暖窝或冬窝子）设在山南面的坡地上，这里海拔较低，有固定的居所。每年冬天，牧民们都会回到这里，与镇守的老人、孩子以及部落里的人们度过一段定居的生活。

据此，游牧民族冬窝子遗址的考古学面貌浮出水面：沿山分布、低海拔、山南坡，水草旺盛……太阳是这个季节里最受欢迎的朋友，愈是古远的年代，人类的活动愈是依赖大自然的恩赐。

考察也发现，张掖以西的河西走廊西部，是戈壁间有绿洲的地貌，没有大面积水草，只适于农业和半农半牧的定居生活。靠游牧为生的古月氏人会将家园安在哪里，其实已经一目了然。

秦末汉初，匈奴曾占据此地，被视为风水宝地之一的焉支山也在这一带，就是有力的旁证。王建新如是说。

古祁连山是天山

祁连就是天山的事实，在《史记》和《汉书》本身的一些记述中也可以得到证实。

2003年，新疆伊犁地区的公路几乎全线修整，我们坐在修复一新的五十铃皮卡工具车里，走在爆土狼烟、处处沟壑的公路上时，王建新详尽地报告了他在文献中反复印证的结果：

《史记·匈奴列传》，记述了骠骑将军霍去病领军第二次攻打匈奴的过程：霍去病率军与合骑侯公孙敖一起由北地郡出发，然后分兵异道前去攻打祁连山。霍去病过居延、小月氏，按期到达，并一举打败匈奴，得胡首虏三万余人，大获全胜；公孙敖则因迟到，没能与霍去病会合，被皇帝斥责当斩，赎为庶人。

从汉北地郡通往西域的通道有南北两条。南路经河西走廊，北路走蒙古草原。按照一个祁连山的思路，霍去病的进军路线就出现了明显的不合理。首先进入河西走廊，再北上过居延，然后返回河西走廊，攻打张掖、酒泉之间的今祁连山。这样的进军路线，在军事上既不合理，也不可行。

况且，分兵异道的公孙敖走的是哪条路线？如果霍去病最后是在河西走廊与匈奴交战，何谈已"深入"匈奴腹地，公孙敖又为何会因迟到而坐罪？

《盐铁论·诛秦》中的记述支持了王建新的质疑。

"故先帝兴义兵以征厥罪，遂破祁连天山，……浑耶率其众以降。"此处所说的祁连天山，就是霍去病攻打的祁连山，也是今日的天山。

此外，《史记·匈奴列传》《史记·李将军列传》中都明确告诉我们，天山的名称作为意译的汉语当时已经存在。音译和意译连在一起是祁连天山，只说音译就是祁连山。

如此，霍去病从北地郡出蒙古草原，过居延，经甘肃西北部马鬃山区的小月氏故地，至天山北麓，深入当时匈奴的腹地；公孙敖经陇西郡通过河西走廊，前往天山。这条路线的距离和环境之恶劣都超过了霍去病的进军路线，所以公孙敖未能按期到达才是容易理解的。

祁连山叫汉南山

古祁连叫了天山，那么今天的祁连山当时叫什么呢？跟随着王建新的思路，我们又在历史文献中做了一次并不十分有趣的遨游。小引两段以飨读者。

《史记·大宛列传》和《汉书·西域传》中都记述了月氏大部西迁后,"其余小众不能去者,保南山羌,号小月氏"。

《史记·大宛列传》:"汉遣骠骑破匈奴西城(域)数万人,至祁连山。其明年(元狩三年),浑邪王率其民降汉,而金城、河西西并南山至盐泽空无匈奴。"

两处所说的南山,都只能是今祁连山。而第二段记述中"祁连山"与"南山"并见,更能说明汉祁连并非今祁连的事实。

西汉时,西域的南山是指今喀喇昆仑山、昆仑山、阿尔金山等,与今祁连山相连,为示区别,祁连山在当时又被称作汉南山。

这个发现是颠覆性的,既锁定了地区,又锁定了下限的年代。迈出这个误区,月氏人活动的舞台必将浮出水面。

其实,北京大学林梅村、中国社科院历史所余太山两位学者也已从文献学和语言学的角度提出了同样的看法。王建新谦虚地指出。

于是沙井文化和四坝文化,这两处承载着许多中国学者寻找古月氏人梦想的地方,在定居文化的质疑之外,又增添了偏离地域和超出年代范围的实证,因而被彻底排除在外。

岩画是书信,也是语言

张佳,一个健壮、脸型略长、长鼻梁、长眼睛的小伙子。那天,在他的电脑桌面上,我看到一张令人过目不忘的照片:四个健壮的小伙子,身穿游牧民族衣袍,挺胸昂头,充满自豪地笑着。

他是蒙古族吗?见张佳(昵称)也在其中,我禁不住好奇地指着其中最健壮的一个问。是!张佳爽快地回答。其实我们四个人都是满族,但是他有一半的蒙古族血统,我是地地道道的女真族后代。他的话让我想起 2003 年在新疆伊犁见到的一位自称女真族的汉子。他们长得真是很像。虽然那位女真族三代之前就走出了长白山。

于是,我们聊起了游牧民族文化,聊起了北京的满族,今天的满文书院……,张佳的神情里充满了对祖先的崇敬与爱戴。

知道岩画吗?我突然不由自主地发问。张佳却陷入一片茫然。的确,这种表达思想和宗教意识的方式毕竟已经很久远了,今天的游牧民族后代怎么可能了解它。尽管岩画是古代游牧民族与天、地对话的一种形式和需要,但是,它们毕竟已经淹没在历史的硝烟中，就像一本破旧的字典，多数人不会再去翻动它。

王建新想到了这本旧字典。

史书记载，月氏人"随畜迁徙，与匈奴同俗"。早期的匈奴与乌孙皆信仰萨满教，笃信万物有灵。古月氏人与匈奴、乌孙咫尺相邻，语言和文化互为相通也在情理中。他们拜天、拜地、拜山、拜水、拜动物和一切有生命的东西。各种形式的牛、羊在岩画中极高的出现率，即证明了游牧文化的这种相通。

山上的羊群的岩画

骑手的岩画

战斗场景的岩画

岩画既是书信，也是语言。它是古人与天地神灵的对话，也是留给今天的书信、语言。全世界凡是有牧场和草原的地方，都有岩画在静静地等待着翻阅：大角羊、飞翔的鹿、马、牛、骆驼……，舞蹈场面、猎兽场面、战争场面……，活脱脱一个生灵的世界、古代游牧民族放牧游走的世界。在它们身上是不是寄托着牧人的理想？回答是肯定的。

月氏离我们有多远

背依天山，站在巴里坤兰州湾子视线极好的高坡上，望着脚下密密麻麻用大石头垒砌的一个个帐篷基址，2005年夏天，我再一次被游牧民族粗犷、剽悍的风格所打动。

当年，这里一定是帐篷林立，旌旗飘扬，战马嘶鸣、号角悠扬……然而，这曾经的宏大场面已经沉没在历史缓缓走过的岁月之中。

你说，有遗址的地方就一定有岩画和墓葬吗？在这里，哈密电视台和报社的记者、日本早稻田大学教授冈内山真、意大利东方大学亚细亚学系葛嶷教授都曾经向王建新提出过同样的问题。

于是，在王建新与他的学生哈密地区文物局长牙合浦江的带领下我们来到几里外的墓地。这是一个狭长的山坡，高约20米，长百余米。远看就像一条从天山里开出来的大船。山坡上，满眼是一个个大石头堆起的圆形、椭圆形和方形墓葬，静谧而苍凉。船头的小高坡上，一座巨大的女阴石暮然耸立，向死神傲然示意着生的神圣。乘车西行数公里后，我们来到一处叫做石人子的山上。这里如今是哈萨克人的夏牧场，就在牧场东边方圆几公里的地域里，令人吃惊地刻画着2000多幅岩画。三处遗迹遥遥相望，果然是墓葬、岩画、遗址三点组合。

2003年，从伊犁到哈密的长途调查中，作为见证人，我看到这种有着共存关系的遗迹比比皆是。

祁连天山与汉南山古代地名的确认，确定了古文献记载中月氏人的活动地域。从干旱缺水的戈壁，转入水草富足的草原，游牧民族活泼灵动的习性仿佛一下子得到了释放，仍然是在"敦煌、祁连间"，却墓葬、岩画、遗址处处可见，就像打开了一扇通往月氏部落的大门，对其文化进行考古学探索的工作终于可以登堂入室了。

消失在历史迷雾中的骑马民族

左三：西北大学考古系教授王建新；左四：意大利学者葛嶷教授；右二：日本学者冈内山真教授；右三：哈密文物局长牙合浦江；右四为作者

  走出古代文献记载的迷宫，西北大学文博学院考古系全线出击。六年来，他们不仅跑遍了河西走廊地区，还从天山东部的伊吾到西端的伊犁跑了几个来回。在伊犁河谷地区进行的大小规模发掘与试发掘中，众多发现就像一个草原民族热闹的大集市，乌孙、匈奴、突厥……，当然也一定有月氏。他们的遗迹如潮水般一起涌来，要想一样一样把他们分门别类地拣出来，可不是件容易的事。

  可喜的是，对与月氏同时期的匈奴文化和乌孙文化，学术界已经拥有成熟的结论。那么，只要卡住年代和地域，不是匈奴和乌孙的东西，就应该是月氏的。

  我们期盼着王建新早日将月氏的文化特征确定下来，到那时，我们的探幽寻古之路或许又会增加了拜会大月氏的冬季王廷与夏季王廷；领略月氏人冬季牧场（冬窝子）与夏季牧场（夏窝子）迷人的风光；观赏神秘、肃穆的岩画作品，从中品读画面背后的故事……从这里看过去，月氏人离我们还远吗？！

完成于 2004 年

这是作者为构思长篇纪实文学《铁骑迷踪》所搭好的框架，遗憾的是她还未来得及填写实际内容，便过早地离开了这个世界，现在将它呈现出来，为的是让读者更好地了解作者励志的夙愿。

《铁骑迷踪》构思框架
（计划完成）

1. 走进迷局

相约伊犁
介绍来龙去脉，引入。

众神栖息的地方
机场接机，路上，见到第一个大角羊。

干涸的圣山
生平第一次的岩画印象。

2. 大角羊的世界

神灵附体
晚饭时发现眉莹不见了，出去找，她如何变得大胆？关于蛇，还有伤……

羊图腾
回来只一会儿功夫，男生人人变了样。体恤衫、电脑、地上都是羊，人人皆入魔。

天的距离

夜晚的星空，联想，萨满教的故事，由于距离的缩短，所以他们可以看见天，也可以看见神。

3. 寻找大月氏人的足迹（王口述）

樋口隆康来了

诘问司马迁

天山下有支霸王骑（弱）

4. 乌孙人的山谷

奇林托海

乌孙人（后来的哈萨克族）的第一个居住点。

食肉族的秘密

"人身马"，生活习俗。去温泉的路上，食肉族并不是全年都食肉，春季和冬季，并且与战争爆发的时间也有关系。尼勒克（永远的婴儿，又一说：长不大的孩子）奇怪的含义。

黑曜石上的太阳（美国密执安大学曾将其作为手术刀使）

胡其沟也叫胡吉尔沟（盐），哈萨克人（塞人乌孙人）居住的地方，此地岩画与圣山上的不大相同，但我却没有完全看明白。

5. 嗜血的拼图（王口述）

四条蛇行动

2000年四人出行调查，寻找无果。

绝地逢生

2001年再走时，敦煌巧遇，哈密逢春……三点一线

安特生怪圈

2002年在上甘肃印证"三点一线"，划出月氏地盘，绘出地图，完善理论依据

6. 走在游牧人的路上

夜闯八卦城

无光的城，经特克斯、恰甫其海，住马厩旁的感受，梦境。

骑士的乐土

夏塔犯险，见到了乌孙王的大型墓葬。

冰冷的海子

赛里木湖（霍城出来经果子沟），当年游牧人曾经从这里将货物运到中亚，后来我们采访了巴里坤的骆驼客……

7. 潘多拉魔盒

万物有灵

像打开了魔盒，疑团越来越多。奇台博物馆，日本学者到来，感觉我们与他们的关注点不同，但却说不清楚，草原石人（森塔斯），早期的宗教。

蒲类海秘密

木垒博物馆和蒲类海的故事。

巨人战场

与牙合伊吾汇合，巨石上多有岩画，第一次看到女阴石，非常多的骆驼，岩画中也增加了这个内容（其实这正是一个转折，但我却越看越看不明白）。

8. 废墟下的奇葩

初见城池

盐池古城（汉代，但是一个标志），盐池羊肉为什么不膻？（何时改良了品种？）物是人非，但一种小生物却给了我们启示，它就是沙葱，第六感觉告诉我，我们的穿越已经嗅到匈奴的气息，月氏人的魂正在不远处望着我们，就像沙葱洒下绒毛般的种子一样，你看不见它，它却永远在那望着你。

红陶的秘密

红陶的历史，游牧人何时有了生产能力？岗内三真，在希罗多德的记述中，东方的塞人有游牧人口，也有农耕，会制陶，但王建新说：用它作标尺不严谨，因为单个的红陶不能告诉你它产于当地还是外来物品，除非找到陶窑。

绿洲之路

冈内三真的报告感动了王建新,也让我知道了一个更大的秘密——被历史淹没已久的草原之路(见《丝绸之路》中 p209-220),对这个日本小老头刮目相看。

9. 龙庭聆风

王的营帐

兰州湾子看到世界首次发现的大圆石头筑成的王庭。

生门死地

船型山上的墓葬群,生死守望,坐上大船的人舍不得离去,依然守望着自己的家园和亲人。

千年之舞

谷地里人神一界羊腾鹿舞,2000多幅岩画把这里变成了一个灵幻的世界。

我知道,每一次刻画都有一个虔诚的诉求,每一次诉求都支撑着一个不平常的故事……;这次我确信嗅到了月氏人的气息(欧洲人,巴里坤虎)。

10. 咫尺之遥

久远的城池

巴里坤所见,虽已物是人非,找不到与月氏相关的东西,仅从巴里坤的民族构成来看,也是晚于月氏时期,但是哈萨克牧人和汉风的四合院却让我们体察到文化的交融,尤其是曾经浓重的商业气息暗示着我们商业文化的承传?据说这里骆驼客闻名,看来汉武帝凿空西域、巴里坤设郡其实也是志在商道。

孤独的守望者

一路看到的石人……公元前174年,匈奴右贤王带领人马又一次袭击了月氏人……如今,我们看见石屋子、石人,却找不到主人,当然也找不到当年的故事,它看到了当年那场战斗,却缄默不语(圣佑庙有两个),只有风发出我们听不懂的呜咽;所幸还有巴里坤奇人彭兴礼讲的石人故事。

老虎的前爪

因假期的原因,我错过了乌拉台和太阳沟遗址,回到北京,心却在那片奇异的土地上漂泊。闲暇时,我用查阅资料来释放,希望尽快脱离一穷二白的现状。发现:

巴里坤蒙语意思是老虎的前爪，这是继承了从前的地名，还是蒙古人来到后重新起的名字？地图上的形状相符，如果是承传，一说明这里是月氏人的前沿地带，二可作虎旗的一个旁证，月氏人强盛了数百年，不可能没有旗标。虽然是推测，我还是觉得又向月氏走近了一步，于是发现了更多的故事。

11. 沉入谷底的记忆

始皇惊梦
故事

虎狼之争
受伤的狼、龟缩的狼，但习性不改，仍旧四面出击，以抢劫为生。他们是来自蒙古高原苦寒之地的民族，基础、习惯和条件决定了他们的生存方式。

冒顿弑父
故事加评论，疑点一：太子的能力哪来的？先进的管理方法哪学的？疑点二：他为什么要抢月氏的地盘？

狼旗扬起

狼孩儿难兜靡

人头骨"煮"酒论英雄
猎头游戏，这段历史的发现令人兴奋。

12. 千古之谜

长安邮件
收到电子邮件，岩画研究有了重大突破，随即是王建新发现的秘密。

历史的藏匿
张骞出使找月氏，一个被历史藏匿了的秘密，听说有去身毒的密道。

偷袭者胜
匈奴人的战争法宝被霍去病和卫青识破并使用（弩，冷兵器时期的机关枪），王的发现与国策有关，搞军事扩张与务农经商的人有本质的不同。

13. 再赴新疆

世界的眼睛

发现世界的眼睛正在转向中国。二天吃饭，坐在一个露天排挡讨论西大的凿空计划，李韬发现老虎的秘密，让我看斯文赫定的《亚洲腹地考察记》。

混血的城

关于格斗城和美丽牧场的发现。

群英荟萃

乌鲁木齐考古所会议室，墙壁上各个遗址的大照片神秘而又现实，独独缺少了兰州弯子、东黑沟、倪家鄂博……的照片，大家的交流。

14. 海平面下

坎儿井会说

地面的凸起到坎儿井说出农耕的秘密，西域定居文明揭示的人口问题，王建新真是越来越神了，总能一针见血地找出文物的重要语言，我很佩服。2012 年与土库曼斯坦留学生的谈话，从祖先那继承了对农耕民族的不屑，说明游牧者与其本质的不同，尚武者留下令人战栗的英名，坎儿井是农耕者的丰碑。

沙海奇珍

吐鲁番新疑参观洋海墓地及出土文物，听讲洋海的历史及现状，还有他的神奇出现及习俗（与小河墓地人的关联，后来阿富汗回流人口大多回到这里——林梅村）。

柏孜克里克悲情

王家寺院千佛洞，二教合用，互不干扰，被偷、被毁至失传，起码说明这群人走了，像月氏人一样消失了，我们还能看到他们的身影吗？查听说回哈密后要去的白杨沟与月氏人有关，期待。

15. 哈密之虞

踏空之喜

为了教授的身体，不让他去魔鬼城、白杨沟，我也被一起留下看资料，可看后震撼。再次与白杨沟擦肩而过，关于金币，只是一提，却让我惦记不已。

山居神遇（小筑）

住山间牧屋，被这个充满神密又看得见希望的地方牢牢吸引。魂，这个鬼东西趁乱出逃，滞留在天山徜徉、探寻着隐藏在草原深处的秘密。看到鹿场盗窃，第二天看到壮观的岩画和著名的"欧洲人"与"巴里坤虎"掉入水中。

认识乌拉孜。

阔拉的鹿石

由牙合带领去看突厥人的墓地，摔瓦罐，杀人石和鹿石。

16. 重走伊吾

悬棺之疑

伊吾的民族，维吾尔居多，汉人虽然不少，但县领导一应干部都是维吾尔族，看了几处悬棺，年代均晚于月氏时代，与岩画也不是同时代，故排除。

谁的拜其尔

看了现场及周边地形，牙合曾带队发掘，介绍情况，发现此时已有棺木（农耕文明的产物）。

千年感动

回哈密第二天去了博物馆，陪葬物大釜的讲述，伤心之剑，与刘某的谈话，他说这个工作需要很多人的配合，需要漫长的时间与等待……，可惜当时我却不懂，只是期盼着发掘工作的开始，以为那样就会很快有结果，直到发掘开始二三年后，才逐渐明白其中的道理。

17. 华彩 2006

学生军团

5 月就听说开工了，直等到 8 月才有工夫来到巴里坤，一上工地，便被强大的学生军团震撼了。北大、西大的研究生还有留学生，第一个难题——大磨。

石磨的秘密

踏上石阶路，第一次真实地感到与古人的脚步重叠在一起。

火红的祭祀

当祭坛全部揭开时看到的火红场面，兴奋地整日被那十几个石墨折磨得不安稳，可是等周边的房屋和地穴也被打开时，我却被血腥的杀戮惊呆了一个半月后，一场大雪让我带着遗憾返回北京，获得的只有场面，没有故事。

18. 分封"月氏王"

谁是坛主

2007年东黑沟学术研讨会，获奖，"那丝"之说的亮点，入侵者和土著。

两个王廷

发现冬窝子与夏季牧场，揭示了岳公台与兰州弯子两处王廷的疑问。先进的办公习惯，干部追着牧民走，所以有冬季办公地点与夏季办公。

红山口狼烟

去看新发现，与眼前发现的呼应，了不起，成为王建新这辈子的事业。

19. 神奇的"巴尔库尔"

脸上传奇

周剑虹生日，额头上用奶油画了岩画出场。这晚我们尽兴地乐，虽然只有一块蛋糕……，马健、李韬、习同元、任萌纷纷出场，让我看到了年轻人的力量，各族交融。

长脖子女人

睡得晚，反复在做一个梦。二天醒来，与剑虹说起此事，她笑说女人的金耳环和陪嫁就在我屋里，看后惊讶。

战神作祟

找到妹妹的墓，战将转移的头颅。

20. 岩石上的将军

八强子神话

哈萨克姑娘的嫁妆，制作毡毯，去不远处的爱情泉打水，关于哈萨克久远的故事，他们是留在今天草原上的游牧人。

现代冬窝子

介绍，空旷的戈壁，麻黄果，没有人烟，直到走进山凹里的冬窝子。

将军出塞

在不长草的山上终于看到仰慕已久的岩画,听彭兴礼关于岩画的解释,生动有趣,也解答了我一直以来闹不明白的东西。刻制岩画的人显然已经从宗教、造神回归到了本真的状态,画面变得诙谐可爱,把羊们求爱的过程真实地反映在画面上,更令人惊奇的是,马上的将军不仅有了武器,而且有了军装……

石屋之谜

发掘石屋时,也得知的消息,底层的石屋有木质结构,也有柱洞,最为惊异的是有冶铜的坩埚,里面还残留着2000多年前炼出的铜块。想起去埃及旅游时,看见金字塔,有人惊呼阿拉伯人伟大,批评中国没什么东西,但是土木工程与土石建筑无法类比。

朝拜的路

丝绸的战争

汉武帝曾接到密报:有一条秘密的商路从新疆通往身毒(印度),围绕着一个利益,战斗沟岩画的揭示;但是引发公元前174年战争的这个最大的利益究竟是什么呢?草原之路,中国最早的商路。

马骑甲装、格里芬。

每章结尾处都提出疑问或总结历史(有虚有实)。

(未完)

2012年10月

这是作者长篇纪实文学《铁骑谜踪》的楔子和第一、二部分。作者从2003年起连续八年跟随西北大学考古团队深入新疆腹地考察体验生活，积攒了十年的资料，正当她踌躇满志准备创作之时，接踵而来的重病拖垮了她，直至辞世也未能完成夙愿。全书计划写作20个部分，但只完成了楔子和一、二部分，这是她感到非常遗憾的事情。为了缅怀她励精图治十年的努力，展现她创作的端倪，特此将未完稿刊发出来，以志怀念。

《铁骑谜踪——寻找北凌匈奴的草原霸主》

（未完稿）

公元前1世纪中叶，当匈奴的狼旗军再次被中原大军击溃，郅支单于率部仓皇逃离北方草原后，远在苏莱曼山脉的异国他邦，一场大型葬礼结束了。

也许是上苍垂怜，让这个刚刚离开躯体的生命，看到了昔日对手的不堪。

古老的祭坛上，庄严的祭祀活动戛然遏止了人们的悲泣。于是，小山丘般的墓冢和周围几座略矮一些的坟丘，在人们眼中，俨然与远处的山水和城池融为一体。

大火点燃的时候，祭坛下面的台地上搭起了一座座毛毡帐篷。

当一块块烧红的石头被运进帐篷、投进早已准备好的青铜容器后，人们开始带着大麻籽，鱼贯般地进入……

这是先祖留下的习俗，王爷的葬礼结束后，每个人都要净身沐浴，清洗身体和灵魂的遗垢。

大麻籽洒在炽热的石头上,很快被烤灼的冒起了青烟,水蒸气和着烟雾升腾起来。于是,净身的人们发出抑制不住的哀声……

大约 20 个世纪以后

楔子

巴克特里亚宝藏

小引一:太阳里的"格里芬"

那是一个奇妙的黄昏。

太阳像颗金色的火球,沿着西边的天际缓缓下沉。远近的云层,沐浴在如火的烧灼中,绽放出绚烂的光芒。一只金色的大鸟展翅飞来,鸣叫着在古城上方盘旋、腾挪,然后,徐徐降落在城外一处高高隆起的小山包上,向着太阳昂起了头……

格里芬:中亚神话里看守金子的神兽,典型形象为鹰头狮身

"格里芬,格里芬!"古城外的人们,看见这幅定格在太阳里的"金鸟图",禁不住发出惊呼!

他们笃信，这是神灵的点化，纷纷跪下祈祷。

从此，城外这片高耸的小山丘，便被人们恭敬地称为"黄金丘"。

岁月如梭，"黄金丘"故事的真实内容已经在流传中丢失。可是，这个盛装的名字却承载着中古时代那个绮丽的黄昏，流传了一个世纪又一个世纪。

小引二：老萨满的预言

7世纪初，白沙瓦的一个夜晚。

来自东方的老萨满最后一次"通天"后，疲惫地倒在病榻上。他断断续续地对身边的人说："30年后，……来自闪米特族后裔的阿拉伯人就要打来。……他们骁勇善战，不怕饥渴，……战马和弯刀是胜利的法宝。……他们要建立一个国家……叫阿富汗，意思就是，……就是骑士的国土。"

刚刚还充满期待的人们仿佛一下子被他的话击中，无奈地垂下了头。

死一般的沉寂在空旷的房间里游荡。

当所有的人都以为老人已经驾鹤西行时，突然，他又欠起身来，一只手在空中挥舞着，嗓音嘶哑地喊："巴克特里亚……将永远，埋葬……祖先的辉煌！"

言罢，轰然倒下。

白沙瓦：今巴基斯坦首都，古称犍陀罗，贵霜王加腻色迦一世建都的地方。

第一节 阳光下的盗掘

1977年，在阿富汗沉寂了两个千年的巴克特里亚古城喧闹起来。几个身穿长袍的汉子，跨过昔日繁华、喧闹的街市遗址，来到城外那块变成棉花地的小山坡上。

或许是被席卷全国的盗掘之风催生了欲望，或许……

他们扛着工具，奔向一座不算太高（约3米），却直径百余米的"黄金丘"，开始了臭名昭著的掘金活动。

可耻的行径很快被正直的人们发现。于是，长袍汉们落荒而逃，留下一片狼藉的盗掘现场。

第二节　幸运女神的眷顾

第二次世界大战结束后，阿富汗纷纭、传奇的历史磁石般地吸引着各国考古学家朝圣般的考古调查。可是直到1977年，乖戾的幸运女神才终于向"朝圣者"打开一扇幸运的大门。

一脚滑入门内的，是被欧洲考古界最不看好的前苏联考古队。不仅因为他们平均年龄刚过30岁，阿富汗考古经历只有10年，更重要的是，全队无一人参与过公元前后的考古实践与研究。

可是，"黄金丘"的被盗事件，却促成了他们试发掘提案的快速实现。

第三节　迷局的开始

尽管"黄金丘"的传说令许多人癫狂。但事实却是，那枚指引着惊天发现的小陶片，在前苏联考古队到来之前，就一直躺在那儿。它们除了看见蓝天白云、日月轮回外，还目睹了寻寻觅觅、多次擦肩而过的法国人、英国人、意大利人、美国人和日本人……

队长维克多·萨瑞安尼迪（V. I. Sarianidi）爆料，在与巴克特里亚古城遗址邂逅不久，他们就把目光聚焦在了城外——这片被当地人称作"黄金丘"的小山包上，并且进行了拉网式的搜索。

试发掘出土的是，一座建于阿黑门尼德王朝时期的神庙遗址（后被确认为迪利亚特佩神庙），它揭示了公元前4世纪毁于希腊军队战火之前、波斯帝国统治下的人们在这里祭祀的基本状况。包括千余年间，不同文化、不同种族的人群在这里活动的情况。

就在人们为这个重大发现欣喜若狂时，"黄金丘"古墓如同一颗颗重磅炸弹，狂扫了神庙在人们心目中刚刚占据的位置。

冬去春来，当来自欧洲的毛头小伙子们一个个从白脸儿帅哥变成红脸儿关公的时侯，激情洋溢的发掘工作已经持续了两年。经专家确认，6座墓葬（2男4女）均为巴克特里亚曾经的统治者贵霜王族墓。其先后出土的黄金饰品构件两万余件和一应陪葬物品，均工艺精美、文化蕴含丰富，宛若一个巨大的艺术品宝库。

消息一经传出，各国媒体争相报道，如此惊人的发现，不仅在阿富汗，就是在全世界也实属罕见。无怪乎有学者要将它与50年前发现的著名埃及法老图坦卡蒙（Tutankhamun）墓相提并论。

醋意十足的法国人说，他们在这一领域的调查工作于20世纪20年代就开始了，可是，从未碰到过一座未被盗掘过的古墓。日本人更是以"西巴尔干遗宝"为题发表评论说，让（苏联考古队）这样一支年轻的队伍发掘如此豪华的古墓，简直是对考古女神的讽刺。酸味颇浓，毫不粉饰。

但是，围绕着贵霜族群——这个令巴克特里亚闻名于世的神秘统治者，世界舆论却陷入一片茫然。

这些将希腊文化、印度文化、中国文化与草原风格混搭的权力执掌者究竟是谁？他们来自哪里？一个个沉甸甸的问号，瞬间成为世界性的热门课题。

第四节　战争打碎记忆的链条

当第8座"黄金丘"墓葬（其中一座空穴未被使用）即将揭开面纱时，战争的铁蹄又一次践踏了阿富汗的土地。

1979年12月27日，前苏联机械化大军共计8个师，长驱直入，占领了首都喀布尔及其重要城市。

战火浓烈的气息，蔓延到距离喀布尔340公里的发掘现场，一段即将唤醒的远古记忆在链接中被迫中止。队员们匆匆填埋了正在打开的墓室，集体撤离了烽火硝烟的阿富汗。

至此，承载着一个民族记忆的"巴克特里亚宝藏"在战火中销声匿迹。

第五节　"山口人"传奇

天地混沌，世界初成时，也许是画沙漠和高原乏味了，大自然之手便在兴都库什山脉和苏莱曼山脉旁，画上了许多绿洲与河流。不经意中，将阿富汗变成一颗镶嵌在欧亚十字路口上的璀璨明珠。

古波斯语把阿富汗叫作"山口人"，足见波斯商人深谙其意的精明。

古老的商路演变成繁盛的丝绸之路后，"山口人"在盛名之下沦为周边大国相互博弈的战场。即使在产生《阿里巴巴 40 大盗》与《阿拉丁神灯》之前的几个世纪中，这片土地亦如风车流水般大起大落，屡易其主。

当初，阿拉伯神圣的哈里发骑着神驹卜拉格，带领手持弯刀的勇士们冲出沙漠，赶走占据在这里的东方恹哒人，建立阿富汗帝国时怎会知道，这片富庶的土地，将给子孙一个多瞬的未来。

卜拉格：神话传说中长着翅膀的神马，拥有美女的相貌和孔雀的尾巴。

第六节 智者的预言

公元前 2 世纪末，在巴克特里亚繁华、热闹的集市上，南来北往的客商交易忙碌，笑语频频。

一位来自地中海亚历山大港的智者，意气风发地在人群中发表演说。

"伟大的亚历山大大帝（马其顿王），用他万能的手和无以伦比的威力，重建了希腊化的巴克特里亚帝国。但是，特殊的地理位置告诉我们，这里自古以来就是人类迁移、侵略的必经之路。

"……万能的神发出了指示，过去与将来，主宰这里的将是波斯人、希腊人、印度人、塞人、贵霜人、匈奴人、土耳其人、蒙古人和阿拉伯人。

"巴克特里亚即将灭亡，贵霜就要兴起。在成为阿富汗之前，这个古老的城邦还会更换许多个名字，巴克特里亚的历史将无连续性可言。这是历史的悲剧！更是人类的悲哀！"

"妖言惑众，妖言惑众啊！"

"胡说八道！把他赶下去！"

"把他赶下去！"

人群中一片骚动。

随即，智者的脸上和长袍上挂满了臭鸡蛋的汁液。

第七节 被全世界关注的三个人

20 世纪 80 年代，贵霜王朝的历史像一个大大的谜团令全世界着魔。

公元前 1 世纪的中亚史被不停地翻找，巴克特里亚城邦史及相关资料饱受热议，

"巴克特里亚宝藏"牵动的不仅是中亚尚属空白的记忆,同时,也触动了欧洲的末梢神经。

为了获取更多信息,三个炙手可热的人物维克多·萨瑞安尼迪、通口隆康、桑山正进,成为史学界密切关注的焦点人物。

维克多·萨瑞安尼迪全程参加了"黄金丘"的发掘工作,领导并经历了 6 座墓葬从发现到出土的全部过程。日本学者通口隆康、桑山正进 1981 年在阿富汗工作期间,获准为"黄金丘"出土文物拍摄照片,不仅目睹了稀世珍宝的风采,还留有底片 200 幅。

可是,直到 1980 年 4 月,维克多·萨瑞安尼迪撰写的考古报告,才姗姗来迟地刊登在美国《考古》期刊上。随后,维克多·萨瑞安尼迪虽又有两篇报告出笼,却没有论文发表。日本学者的照片更是秘而不宣,从未公开。

这三个人在刻意隐瞒着什么,还是一筹莫展?

唯一令人欣慰的是,维克多·萨瑞安尼迪在报告中的三点确认:1. "西巴尔干遗宝(专业说法)"是产生于公元前 1 世纪初到 1 世纪末 200 年间的艺术品;2. 部分厘清了巴克特里亚王国处在黑暗中的历史;3. 西巴尔干地区是贵霜王朝建立帝国前的摇篮之一;为二线研究者指明了时间结点。

遗憾的是,直到十余年之后,当处在这一研究领域相对滞后的中国学者看到维克多·萨瑞安尼迪的报告时,事件才有了根本性地转变。熟悉本土文化的中国学者,敏锐地发现了一个被各国学者忽视的葬俗上的细节——每个贵霜王族逝者的胸前都放有一面中国式的汉镜。

第八节　亚历山大大帝的雄心

公元前 331 年,刚刚平定了北方骚乱的马其顿王亚历山大大帝,踌躇满志地在三军阵前振臂高呼:"让我们把战争带给亚洲,把亚洲的财富带回希腊!"随即率领大军挺进亚洲,开始了史无前列的东征。

随军同行的,是一个强大的智囊团,成员包括希腊政治、经济、文化、艺术、建筑等多方位的专家。他们每到一处,都会把希腊化的城市雏形强行推广。仅仅 10 年的功夫,就将战争推动下的希腊化旋风席卷了巴尔干半岛、尼罗河沿岸和印度河流域广袤的土地。

亚历山大大帝（马其顿王）

亚历山大大帝东征

为了使这种改造根深蒂固，25岁的亚历山大迎娶了波斯王大流士的女儿斯塔提拉作自己的妻子。在盛大的结婚典礼上，他郑重宣布：凡马其顿人与亚洲女子结婚，都可以享受免税的权利。

在他的带动下，仅在苏萨（古波斯的中心城市）的一次结婚典礼上，就有1万名马其顿将领同时迎娶了当地显贵的女儿。亚历山大并且号令全国，挑选3万名波斯男童送往马其顿首都培拉，学习希腊语和马其顿兵法，学成之后，回国效力。

这场诉诸武力加和亲的城市文明改造，也给地处欧亚十字路口的巴克特里亚王国染色体中，埋下了希腊化的种子。即使在2000多年后，昔日的城邦已经不复存在，希腊化的遗风却依然残留在城市遗迹的各个角落。

亚历山大去世后，靠武力征服建立的庞大帝国土崩瓦解，巴克特里亚王国也随之分崩离析。虽然，希腊总督狄奥多德曾一度脱离塞琉古王国宣布独立，但随后又陷入古印度人、赛人和贵霜人的混战中（史学界所说的黑暗期）。

公元前45年，贵霜王朝的诞生最终结束了希腊化统治的历史。马其顿将士的血脉虽然仍在这片土地上涌流，亚历山大大帝的雄风却风华不再。

第九节　谜一般的贵霜族群

在中亚和西方史籍中，贵霜王朝的历史虽然只有300年，却显赫而辉煌。

公元前2世纪末，贵霜人臣服了赛人统治的巴克特里亚后，翕侯们一律称王，5大部落分而散之，占据了不同的领地。一百年后，贵霜部落首领丘就却从政治上统一了5大部落，建立起一个真正意义上的国家——贵霜王朝。

贵霜部落统一了五个部落，成立贵霜帝国，称霸中亚

贵霜王朝先定都高附（今喀布尔），后建都白沙瓦。采矿、商贸、游牧、农耕、纳贡等多元化经济，使贵霜国库充裕、百姓富足，并且在迦腻色伽一世时期达到鼎盛，与东方的汉朝、伊朗的安息及西方的罗马帝国并驾齐驱，雄居欧亚四大强国。帝国的版图西起伊朗东部，东至印度北方，北起锡尔河、葱岭，南至纳巴达河……

虽然，历史的每个片段都会有一些珍贵的结晶留存，但是令前苏联学者不解的是，贵霜族群的前史竟然是个谜。

前苏联学者B.M马松在发掘阿克库尔干（阿富汗境内）居住遗址时发现，在公元前3—公元1世纪间，当地的陶器中出现了一个特殊的品种——游牧民族喜爱的矮小形阔底带把水罐；随后又发现了许多公元前2世纪—公元5世纪期间、贵霜特色的褐红色骑马俑。

印度学者释迦牟尼·特什迈·马尼在犍陀罗浮雕中发现，贵霜人摔跤与双人拔河的系列场景比比皆是。尤其是摔跤，跤手们矫健的身姿一招一式地解读了力克对手的技巧，暗示了这个族群最具特色的民族项目。

更为惊人的是，作家米林达彭霍在其文学作品《挖壕沟的人》中，对贵霜人的摔跤做了详细、精准的描述。同时还披露，贵霜王族以爱马著称，个个都是优秀的骑

印有贵霜王骑马的钱币

手，打猎是他们的一项特权。

意大利学者葛巆（Bruno Genito）从贵霜人的钱币中发现，印有"贵霜雅乌迦"（大王或酋长）字样的贵霜王朝创始人丘就却时期的钱币，首次将骑马国王的形象印于钱币之上。相比之前该地区惯用的半身头像，骑马者不仅预示着改朝换代，也暗喻了"雅乌迦"的出处。

于是，他们笃爱金器，他们善驯烈马，他们彪勇善战，神兽"格里芬"、草原动物图腾都是他们难以割舍的恋情，他们是来自阿姆河北岸的游牧人的推断丝丝入扣，取得了阶段性的确认。

第十节 "蛮族"的路志铭

公元前10世纪前后，一场席卷欧亚大陆的气候巨变，将大量水草丰美的天然牧场赐给了这里的居民，诱惑了定居在诸多草原地区的古民族迅速向游牧经济转变。于是，广袤的欧亚草原上兴起了多支游牧部落。

最初的游牧生活是美妙的。但是，几个世纪后，人口的增长迫使各部落不得不加快扩张的速度。为了争得优良草场和更大的属地，部落与部落间的结盟、和亲与战争交相辉映，此起彼伏。

由于文化落后却势力强大，定居人将这些草原人视为"蛮族"。蛮族没有文字，他们的历史往往只是零星地记录在定居人的书中，因此，由他们创造的文化，便无疑具有了永恒的神秘魅力。

以动物为主题的艺术，更是草原人精神文化中最为绚丽的华章。当考古发现挟着这条动物主题的神秘通道，摸索着向前行进时，它扣着草原古老商路的脉搏，从西方到东方，解读了一个令许多西方学者都不愿相信的事实。

第十一节 阿姆河古老的记忆

在阿姆河朦胧的记忆中，公元前2世纪是个沸腾的百年。

先是一支头戴尖帽的吐火罗人从伊犁河谷落荒而来，扎营在北岸。约30年后，另一支人马从伊犁河谷杀奔过来，尖帽骑士无心恋战，急忙渡河去了南岸的巴克特里亚，很快便抢到了统治者的权杖。

新到的游牧部落也是一支强悍的吐火罗人，他们人口众多，拥有精良的战马和长在马背上一般的战士，贵霜、休靡、双靡、肸顿和都靡是他们族属的5大部落。这些人性格豪爽，热情奔放，男子喜欢聚在一起喝酒、摔跤、比试武功；女子喜欢围着篝火跳舞，唱着拖音很长的歌；她们做的奶豆腐，远远地就能把香气赶进鼻孔……

不久，女人们的肚子都凸了起来。

当一拨嫩芽般的孩子长成彪悍的武士时，这些吐火罗人发兵了，直取南岸的巴克特里亚，分分钟夺取政权。

数个十年后，当他们把伊朗高原与恒河流域都纳入自己的疆土时，便建立起一个显赫的国家，叫贵霜王朝。

阿姆河：今乌兹别克斯坦、塔吉克斯坦与阿富汗之间的界河。中亚内河之首，发源于帕米尔雪山。

第十二节　重新发现的国家宝藏

2003年，阿富汗总统卡尔扎伊听到的最非凡、最为惊喜的一个汇报就是：消失26年的"巴克特里亚宝藏"正安然无恙地保存在总统府的地宫里。

这的确是一个感人且令人振奋的故事。

1989年，苏联撤军后，阿富汗内战又起。当时的总统纳吉布拉担心文物遭劫，下令将国家博物馆最珍贵的馆藏，秘密转移到总统府达努拉曼宫不为人知的地宫里保存。

地宫有7扇铁门，每扇门上都有一把坚实的大锁，钥匙人手一把地保存在7名由政府挑选的中央银行职员手中（后称"掌匙人"），他们宣誓共同保守这个秘密。

塔利班执掌政权后，果然不遗余力地搜缴国家文物。几年后，当得知"巴克特里亚宝藏"可能藏在总统府的地宫后，博物馆馆长汗·马苏迪和部分"掌匙人"遭到了逮捕。严刑逼供下，他们守口如瓶、保住了地宫的秘密。英雄的"掌匙人"相信："只有一个国家的文化和历史活着，这个国家才活着。"

战后，在千疮百孔的喀布尔国家博物馆门额上，就高悬着这条横幅。

2006年12月，法国巴黎吉梅博物馆盛况空前。"阿富汗，重新发现的宝藏"世界最珍贵金质文物展，迎来了世界各地仰慕已久的参观者。

在展出的 200 多件文物中,"巴克特里亚宝藏"独领风骚,成为最具震撼力的展品。不仅是因为工艺精良、风格特异,更重要的是,它为世界保住了一份欧亚连接点处在混沌中的历史。

细细品味,娓娓道来的是一个个风格迥异、醇酒混装的故事。

一对别针式褡扣上裸体的骑鱼小孩儿,头发卷曲、背生双翅,把希腊神话中天使爱罗斯的纯真可爱表现得淋漓尽致。

长着翅膀的爱神阿芙罗蒂德古典优雅,一侧肩膀上还立着一个手持弓箭的小天使。

身着盔甲的战神雅典娜和酒神狄奥尼苏斯异曲同工,在金质饰品上将希腊神话演绎得惟妙惟肖。

历史藏匿的证人

丘比特对钩扣

镶有绿松石的金剑鞘

摩羯鱼是印度佛教中保护神一类的动物，它似鱼又似鳄，造型有些魔幻。

表现野兽搏斗的题材更为浪漫夸张，最具代表性的是一个金制剑鞘，上面浮雕着一组神奇怪兽的撕咬链。鹰头狮身长着双翼的格里芬，咬住一条龙的后腿；头上长角，背上有翅膀的龙又咬着另一只怪兽的腿；循环向上直到剑鞘口，生动展现了动物界弱肉强食的场面与超自然的想象力。

巨角的塔尔羊小雕像、镌刻着各类女神的金质印章、驾车的蒙古驭手、豹子猎羚羊图……，这些带有浓郁草原基因，又蕴含着希腊、印度和中国文化的艺术品，用无声的语言，讲述了欧亚十字路口所承载的文化包容与变迁。

巨角的塔尔羊小雕像

美国国家地理协会考古学家弗里德里克·希伯特在饱览过所有展品后表示，最喜爱的文物有三件，头两件是一对镶嵌着绿色宝石的金质靴扣；后一件是一把刀柄上雕刻着一头西伯利亚熊的匕首，三件文物堪称艺术和金匠技艺的问鼎之作。尤其令人难以置信的是，两件镶有宝石的金质靴扣上各装饰着一辆由中国龙牵引的带有华盖的战车。

联合国教科文组织阿富汗事务专家克里斯蒂安·曼哈特说：……战乱中，喀布尔国家博物馆的10万件馆藏70%遭到抢劫与破坏，它们能够成功地躲过如此多的劫难，真是一个奇迹。

更为神奇的是，"巴克特里亚宝藏"作为历史的见证人，引领着我们触摸到了一支强大的游牧民族铁骑，踏着草原之路走进亚细亚，进而完成了建立一个安定、富足的强大帝国梦想的脉动。

注：此时，中国学者对这支游牧民族的研究和呼应已经如火如荼。

第十三节　一个笼罩欧洲的疑团

匈牙利诗人裴多菲，在一首纪念祖先的长诗中这样写道：我们那遥远的祖先\你们是怎样从亚洲走过漫长的道路\来到多瑙河边建立起了国家？……

诗中，不仅讲述了祖先长途跋涉到达匈牙利的事实，也抒发了诗人对祖先的崇敬之情与感怀。该诗发表后，举国潮动，许多匈牙利学者被卷入这股寻根浪潮，并且认为，这个国家与被称为吐火罗人的匈奴后裔有着密切的关系。

诗人没有想到，数年之后，竟有 2500 余名匈牙利公民向政府提出申请，要求承认他们"匈奴后裔"的身份。动议虽遭拒绝，却让欧洲人重新认识了地球的东方和历史悠久的中国。

随即，史学家们发现，现代匈牙利人与欧洲其他地方的人，在长相上的确有着明显的区别。民俗学家也发现，匈牙利名歌中有许多曲调与中国陕北、内蒙古的民歌相似度极高。更有意思的是，匈牙利人在节庆的时候也同陕北人一样喜欢剪纸、贴窗花、吹高亢的唢呐。

但是，贵霜与匈奴在时间序列上却难以接驳。

因为，公元前 1 世纪，强悍的匈奴帝国虽然大势已去，却还在天山以北强撑着霸主的架子。南匈奴降汉，北匈奴被周边共讨，度日艰难，而黄金冢的墓主显然早已在阿富汗扎根很久。

到此，贵霜与匈奴这两个吐火罗之间只剩下一条隐秘的连接线——吐火罗语。

第十四节　消失的吐火罗语

在已经死亡的语言中，吐火罗语只是印欧语系中的一个分支。

印欧语分为两支，东支和西支。西支包括日耳曼语、英语、法语、西班牙语；东支含印度语和伊朗语。

吐火罗语为印欧语的西支，新疆和田与粟特的印欧语为东支，有佛教典籍和书信为证。而 19 世纪曝光的一位西方传教士的笔记，则证实了入侵多瑙河畔的匈奴人不是印欧人种，他们讲的是吐火罗语。

苏联学者 C.H 鲁金科，在阿尔泰地区的考古发掘中发现，许多级别较高的墓主，都是有着黄种人基因的白人，这与草原人的和亲习俗有着扯不断的联系。因此，吐火罗人与印欧人之间不能划上等号。这个结论达成共识。

最早将吐火罗人载入西方史籍的是古希腊人，因为那段历史让他们刻骨铭心。公元前 140 年，以吐火罗为首的塞人越过阿姆河，从他们手中夺取了巴克特里亚，改称为大夏。而后，另一支更为强悍的吐火罗人再次入侵，降服了赛人的大夏，建立起贵霜王朝。

那么印欧语是什么人、在什么时段带到天山地区的呢？全世界的目光齐刷刷地转向了中国。

第十五节　霸主来自东方

时光滑行到20世纪末，西方学者虽然从贵霜钱币上得到了一张王位世袭表，认识了声名显赫的贵霜王丘就却、阎膏珍、迦腻色迦一世……但是，许多人宁愿相信这些骁勇的悍将是南俄草原的赛人，或是来自恒河流域的大象军古印度人，却少有人相信他们是来自遥远天山阔脸扁鼻的东方人。

但是，"巴克特里亚宝藏"的发现，像一块充满魔力的磁石，将动物纹饰、吐火罗语、草原商路、贵霜钱币、DNA等一系列看似无关的事物，纷纷矗立起来，组成一道环环相扣的证据链条。

众所周知，历史上对欧洲产生巨大影响的三个北方游牧民族匈奴、突厥、蒙古都出自东方。但是，这三次迁徙都与黄金家的产生年代相距甚远。就像亚历山大没见过西红柿、希特勒够不着"魔幻纳粹"（电子游戏）一样望尘莫及。

难道在匈奴崛起之前，东方还有一个神秘的草原霸主？

当所有证据都箭指中国北方草原时，这条在全世界游走了20年的线索断了。于是，这支西迁的草原族群究竟是谁的问题，遂成为一道世界性难题。

大约20年以后

2001年夏末，一个月朗星稀的夜晚，在敦煌去往西安的312国道上，一辆风尘仆仆的五十铃皮卡工具车疾驶着。

驾车的是一位脸色黝黑、神情疲惫的中年男子。显然，与他眼神中流露出来的刚毅背道而驰的是，他已经耗尽体力，正凭借着最后的意志与困乏进行着顽强的抗争。

……一阵倦意袭来，大脑中突然出现的空白令他不由自主地闭上了眼睛。但是，只持续了一两秒钟，他又奋力睁开双眼夺回意识，然后用手狠狠地拍打着前额……

终于，他放缓车速，靠边停车了。

夜色已深，国道上车辆稀少，喧闹了一天的生命都已进入梦乡，四周一片寂静。男子走下车，将一瓶矿泉水悉数浇在头上，一阵搓揉和拍打后，重又回到车里。

一次，两次，当男子第三次浇醒自己回到车里时，竟不知，这一次的透支已经耗尽身体里最后一丝能量。

可能只有一两秒钟的时间，也许会更长些。总之，当他从恍惚中再次睁开眼睛时，看到的是前方大货车的尾箱……

刺耳的响声，伴随着天翻地覆的摇动和生命的惊呼，汽车在无垠的戈壁上快速翻滚……虽然，他尽了一个老司机的本能向右狂打方向盘，但人车颠覆的结果未能幸免。

令人不可思议的是，躁动的皮卡在疯狂翻滚三圈后，竟然奇迹般地站立在戈壁滩上。

不久，男子与被摔醒的同伴一起走下车来。当发现唯一的通信工具手机已经身首异处时，二人相搀着走上公路。这时，驾车的男子倒了下去……

随即，一个中国学者对贵霜与大月氏人的追踪遂浮出水面。

1. 走入迷局

相约伊犁

飞机在一片湛蓝色的云海里穿行，从缭绕飘渺的棉山，走入流光溢彩的空旷，之后，又融入了湛蓝……终于，突破云层，翱翔在绿色的山川之上。

从乌鲁木齐踏上飞往伊犁的航班，我便按捺不住亢奋的情绪，激动得像个初次远行的孩子。

伊犁作为此次野外探秘的起点，不仅因为这块浸染着大西洋和地中海暖风的土地很早以前就以"中亚乐园"的美誉风靡欧洲，中世纪的"苹果古城"（阿力麻里），《骑黄马的猎手》《英雄塔尔根》（古老的哈萨克长诗），都产生于这座充满浪漫情调的塞外边城。还因为，这里自古以来就是各民族游牧人驰骋的乐园。

机舱外，壮美的景观朦胧而真实地从眼前掠过。迷蒙中，我仿佛看到王建新教授讲述中那些生机盎然的山谷，星罗密布的帐篷基址、巨大的墓冢、神秘的草原人图腾和惟妙惟肖的岩画众生……

于是，我们相约今日的往事又一一浮现在脑海。

10月，我穿着一双具有象征意义的红鞋子，激情洋溢地从北京到延安，走完红色之旅后，顺道儿去了古城西安。

刚刚安顿下来，就听说了王建新教授遭遇车祸的消息，当即决定前去探望。王建新是西北大学文博学院的考古学教授，也是我即将出版的新书《远古的访问》中的传主之一。与他相识虽然只有短短两年，但是却跨越了长长的一个世纪。因此，可以说都是老朋友了。

印象中，他是一个善于点燃别人思想火花、独树一帜又勇闯敢为的人。从封尘已久的中国貊人与濊人，到日本出云的神庙、青铜器；从天皇墓冢到日本军国主义的万世一统……他总是能以出人意料的结果，剪除人们当初的疑惑，牢牢坚守在前沿的位置。

忐忐忑忑，我拨通了王建新的手机。不想，纠结的疑虑得到了印证。电话那头的声音，像一团漂浮在叶片上的蒲公英绒毛，虚弱得一点小风就能吹走的样子。

放下电话，我急忙打车直奔西北大学教工宿舍。

王建新的状况果然不好。一眼望去，与从前那个健硕敏捷、气场强大的人判若分离。折断了8根肋骨和一根锁骨，再加上医疗事故，在不到两个月的时间，将一个意志坚强的人折磨得羸弱沧桑。

他表情淡漠地讲述了事件的过程，仿佛在说着一个与自己毫不相干的人。看着他如此的不在状态，我一面小心翼翼地寻找着伤病之外的话题，一面为自己的撤离寻找机会。可是，当话题习惯性地触碰了一下他正在着手的课题时，奇迹却发生了。

仿佛只是瞬间的一道闪光，点燃了他的双眸，随即便灵魂附体般地找回了从前的那个人。他语调由低到高、由弱变强，深入浅出，又引人入胜地向我讲述了一个令全世界破译了20年的世纪之谜。

于是，我有幸邂逅了横亘在他面前的那道世界性难题。

……很久以前，在天山以北的草原地带有一支骁勇善战的马背民族。她的左邻是饮马南俄草原的乌孙人，右邻是赫赫有名的匈奴人，《史记》中司马迁一句简短的记述，曝光了她盛年时的雄风：秦时，东胡强而月氏盛，曾北凌匈奴。

令人不解的是，只有区区几百年的光景，这支拥有着从蒙古草原到天山以北大片地域的强盛民族竟然在中国版图上消失了。像一颗流星般的匆匆过客，在历史的苍穹中划过一道耀眼的光芒后销声匿迹。

这是一个怎样的民族？他们的离去背负了多少不为人知的秘密？历史又为何要用难以启齿的空白抹去这一页的精彩？我们不得而知。

数个千年后，幸运的考古学家在中亚发现了他们黄金铸就的墓志铭。

起初，人们以为他们是客居伊朗高原的欧洲人、古印度人。可是随后，他们遗撒的信息却把人们的视线由阿姆河流域、乌兹别克斯坦、塔吉克斯坦经伊犁河谷引到了中国境内。遗憾的是，由于缺少文字记载，他们的前史历经数千年磨砺，已如雾霭般扑朔迷离……

20年后，最后进入角逐的王建新涉险拿到了进入迷宫的钥匙。

"女士们、先生们：本次航班将在20分钟后到达伊犁……"空乘小姐亲切悦耳的声音，打断了我冗长的回忆。

飞机就要落地，想起临行前的约定，心中骤然升起对王建新的一丝歉意。不是因为死缠烂打要跟进这个课题，而是劳烦他一大早从驻地驱车赶来接我。

一年未见，不知他身体恢复得可好？

众神栖息的地方

一走出机场那趟砖混结构的小平房，便看见站在阳光里的王建新。

和记忆中那些明艳的色彩一样，他依然是从前那副健康、充满活力的样子。如果不是去年在北大曾见过一面，我简直都要怀疑先前的那些羸弱的记忆是否混入了梦境。

眼前的王建新与病榻上的那个人已是天壤之别，只是西部炙烈的阳光在他脸上涂抹了一层深深的底色。仅从这点，我已然嗅到了来自野外工作的刺激。于是，为他悬着的一颗心总算放了下来。

也许是我的着装太不专业，一见面，王建新便向我提出了三点要求：一、外出时必须穿长袖、戴帽子，以防中暑或晒伤；二、学会认识一种叫荨麻草的植物，严防皮肤触到它感染过敏；三、上山时要穿长裤、旅游鞋，严禁单独行动，以防被蛇咬伤。

听完这最后一条，我惊诧得几乎跳了起来。不仅因为此行带的裤子多为七分，

《铁骑谜踪——寻找北凌匈奴的草原霸主》(未完稿)

更因为敬畏蛇——这个世界上最阴森恐怖的神物。但是，职业习惯令我按捺冲动，掩饰住了来自心底的震颤。

王建新为我安排的介入时间，正好在发掘结束的前两天，只要马不停蹄，就可以在最短的时间里看到最有代表性的岩画与出土文物，听到专业人士较为成熟的意见，还能为下一步的野外调查打下点儿专业基础，贴心又省时，的确让我打心底由衷地感激他。

汽车在颠簸的土路上奔跑跳跃，眼前是一派江南美景般的伊犁山水，其温婉秀丽的"湿岛"景色，对于我这个初到伊犁的人来说，简直有些不可思议。甚至产生了一种超越现实的疑窦：在干旱少雨的的新疆大地上镶嵌这样一块美丽的绿洲，究竟是大自然的神来之笔，还是诸神的点化？

西北大学考古系教授王建新

头一次来新疆时，听说新疆有"神遇"的传闻曾不置可否。此后又多次听说，不经之谈竟令我心生敬畏。据说，这里的骆驼均养成了灵气，它们在离世之前，拼尽气力也要回到从前出生的地方；血统高贵的烈马对爱情忠贞不渝，即使被好事者蒙住眼睛，也绝不亲近假扮的情侣，一旦失身，便会冲下悬崖以身誓志；在没有树影的山坡上，古老的敖包和奇异的巨石都附着有诸神的灵性……

这些古灵精怪的故事，有些传承在草原人的口中，有些就镌刻在坚硬悍挺的山石上。我想，那许是古人留给我们的书信吧。可是，这些故事究竟要告诉我们什么呢？早已心驰神往的我，盼望着早日在新疆邂逅自己的神遇。

大半年没见了，当我急切地问起这段时间又有什么新发现时，王建新给我讲的却是一个令人毛骨悚然的故事。

公元前2世纪初，匈奴王冒顿对月氏屡次三番偷袭，终于获得成功。月氏王带领亲兵卫队杀出一条血路，保护着夏宫中的家眷撤离出经营了数百年的夏季牧场巴里坤。

一派江南美景般的伊犁山水

兵败的月氏人一路向西狂奔，来到了乌孙人的地盘。俗话说："光脚的不怕穿鞋的。"反正失去了领地，镇静下来的月氏人一鼓作气偷袭了乌孙人的大营。混战中，强健的月氏王杀死了毫无防备的乌孙王，并砍下他的头。

从此，月氏人占据了乌孙人的地盘。可怜的乌孙王无辜被杀，头颅还被做成小便用的溺器。

20年后，乌孙王的儿子昆莫长大成人。为报父仇，他联合匈奴攻打月氏，不仅夺回了自己的地盘，还砍下月氏王的头制成饮酒器皿献给了匈奴王……

事件虽然血腥，其中的主人公却是月氏、匈奴和乌孙。这组奇特的三角关系将月氏深藏不漏的历史悄悄托出水面，的确是惊心动魄，又令人兴奋无比。此刻，我才明白王建新情绪高涨的原因，否则，何以要在伊犁汇合。

猎头习俗在草原地区流传很广，战国时期也曾传入中原。简言之，就是将敌方著名首领的头颅取下，镶金后，制成酒具，饮酒时，佐为谈资。对于名气弱小的，弃之或制成小便用的溺器，意在表示胜方的轻视。可见，草原人的单纯与率真尽在他们的习俗中了。

一小时后，我们进入了位于尼勒克县穷科克乡的临时下榻处吉林台水库电力指挥部驻地区域。这里地处深山，巨石料峭，黄土遮目，与湿岛景象判若两地。环境变化造成的人口迁徙使这里早已成为无人区。

停车检查的瞬间，我无意中发现，一只奔跑如飞的大角羊在路旁一块巨大的岩石上辗转腾挪。那硕大的体态、腾云驾雾般的身姿，出神入化地表现了羊在快速奔跑中的健美。

"那是岩画吗？"我抑制不住兴奋问驾车启动的王建新。此时，我们已经默契到不用在的他名字后面再加上一个职务。

"没错，是岩画。虽然位置孤立，却是这一带岩画中的精品。"王建新美滋滋地回答，仿佛在说着自家的孩子。

"你见过如此奔跑的羊吗？"我半疑惑半试探地问。

"不可能，这是一只被艺术夸张了的羊，是可以载着萨满去与天对话的神。在远古的西域，这类神还有很多，以后看得多了，你就会明白。"

说完，王建新又告诉我，这里曾经是乌孙古族栖息的地方，留下了大量的岩画、墓葬和遗迹。为了解读历史精心保留在这里的信息，西北大学和新疆考古研究所联合当地文管所在尼勒克进行了为期三个月的大型发掘活动，力争恢复这些珍贵的历史记忆。

说话间，汽车经过一条流势汹涌的河。望着那咆哮翻腾的浅墨色河水，我好奇的又想发问，却被王建新抢了先："这是喀什河，蒙古语宝石的意思。作为一条支流，它从雅玛图汇入伊犁河，伴随着伊犁河水向西北流入哈萨克斯坦的巴尔喀什湖，是一条滋养着游牧民族的母亲河，也是一条有故事的河。"

伊犁河水

的确，在草原地区，河流就是生命，关于这条河的故事传说一定不少。可惜出门前没有做好功课，心中甚是后悔。

放下行李，已是下午 2 点钟了。同乌鲁木齐一样，由于日照时间长，这里整个夏季都实行着夏时制。记得第一次赴疆时，这奇特的作息时间，让我不期而遇了新疆最为震撼的一刻——傍晚 9 点钟的太阳。

那神助一般的辉煌灿烂，铺天盖地的博大宽广，黄澄澄、金灿灿地洒满每一寸土地，庄严得令人不由得想起传说中的新疆诸神。

啊！
马头的金色力量，
羊头的棕色力量，
渗透了你的脊梁。

这首古老的萨满歌谣让我神思恍惚，仿佛看到万马奔腾、沐浴在阳光下的情景。尘雾中，那剽悍的牧马者正是我们千呼万唤的大月氏人。于是，我梦幻般地邂逅了大月氏人为我营造的海市蜃楼。

大角羊的世界

午饭时，我结识了王建新麾下的全体队员：老成持重的技工陈新儒，多面手陈小军和硕士研究生刘美莹、田有前、何军锋。共同的目标让我们有了交集的话题，大家很快就熟识起来。

关于岩画，王建新对我的开蒙简洁明了：岩画是寻找游牧族群最有分量的敲门石，不仅能够反映出不同族群的精神信仰、文化背景，还通过打制工具，告诉了我们刻画者所处的年代。因此，岩画调查是我们此行的首要任务。

他的话激起我强烈的好奇，放下饭碗，便跟着小田、何军锋和陈新儒直奔山上的岩画点儿。

正午的太阳异常火爆，地面上没有一丝阴影。

武装到牙齿的我走在背着超级工程包、扛着长把铁锹的小伙子们中间。一行人除了晒不黑的何军锋大胆地穿着一件鲜红的短袖体恤，其余人都和我一样，在 T 恤衫外再套一件长袖，所以没走多远，便人人汗流浃背，衣服上画出三大块湿渍来。

新疆的夏日十分特别，只要呆在房间里或荫凉下，几乎不会感觉到暑热。可是，一旦脱离了物体的的庇佑，只需瞬间，你就会变成贴在柴锅上的饼子，焦热难耐。

刚走了不到1公里，我就感到头晕目眩，双腿如灌了铅一般。急忙掏出随身携带的薄荷脑，深深吸了几口，才算压住突如其来的不适。我打开在房间里晾好的白开水喝了一口，发现水温已经升高，完全失去了降温的功能。幸好看见近在咫尺的喀什河，急忙走上前去，这才感觉到一丝凉意。

陈新儒告诉我说，对岸的小山虽然没有名字，却岩画众多，是他们在穷科克尚未完成的最后一个工地，上面有一千余幅岩画的编号、拍照、定位、拓样和临摹工作要在两日内完成，工期很紧。他的话提醒了我，于是我不敢久站，急忙离开水边继续赶路。

一面走着，却回味出陈新儒话中更深的玄机来。

这么个小山包，却承载着如此巨大的岩画存有量，二者非同寻常的关系是不是在暗示我们，从前它是个极有灵性的地方。那样的话，我相信这里应该有个响亮并富有象征意义的名字。其所以没有流传下来，一、说明年代久远，二、与族群的迁徙有关。想到此，我暗自高兴，期盼着会有更多的秘密被我们发现。

这个无名的小山包上，几乎每块石头都刻有岩画

上山的路不算艰难，一人深的蒿草却着实令人胆寒。即便是笼罩着世界上众多民族图腾的光环，我也不愿意与蛇在这里发生神遇。

迟疑间，只见小何一马当先，挥舞着手中的长把铁锹打草开路。我和小田、陈新儒急忙跟了上去。此刻我才明白，小何不厌其烦地扛着一把铁锹走了那么多的路，原来是为了打草惊蛇。

一时间，寂寞无声的山坡上，充斥着铁锹、野草、石块的撞击声和我们的脚步声。大家谁也不说话，都将目光聚焦在自己的身前足后，踩着小何劈荆斩棘的节奏一路前行。

不知是紧张还是注意力太过集中的缘故，感觉没过多久，我们就爬上了山顶。

刚有了安全感，脑子便活泛起来。正疑惑上山的路为何这般荒芜时，细心的小田告诉我，以前他们走得是一条石头小路，因为石块儿下面常常隐藏着蛇，所以特地为我选择了这条较为平缓又可以打出动静来的路。他的话带着一股暖流涌上我的心头，还没来得及说出心中的感动，一块块刻满岩画的大石头已经出现在我们面前。

山坡上风很大，加之没有水源，所以除了石头就是杂草，没有一棵树。但是，这里却俨然是一个布满着羊的灵魂与气韵的世界。在这里，无论大石头，还是小石头，上面刻画的主题无一例外都是羊。大个的羊、小个的羊，统统长着一双又大又弯的角，极尽夸张，又美丽传神。只有少数的鹿和夸张的鹿角穿插在其间，别有一番意味。

"这是大角羊。"

"这里是神鹿。"

小田一边走一边热情地向我介绍。

在三人的指点下，我们从小山西头走到东头，一丝不落地浏览了一遍已经编过号码的岩画，最后站在一块一人多高的褐色岩石前。

这是山上最大、也是最高的一块岩画石，一米以上的石面上，扩散般地向上刻满了大大小小的羊，是山坡上岩画最多的一块石头。看见我望着巨石发呆，小何说了句什么，几个人便各自忙着自己的事情去了。

这是我第一次与岩画面直面而视。此前虽然看过资料和图片，也写过关于岩画寻找者的报告文学。但是这一刻，我才真正感受到来自岁月深处的震波。有人说，岩画是人类幼年时的涂鸦。而我感受到的，却是一个生命群体向另一个生命群体发出的信息。所以我会说，岩画有灵，岩画如书，它是生命奔向精神层面的崇高产物。

大角羊岩画

大角鹿岩画

愣了会儿神，我慢慢伸出一只手，轻轻抚摸着画面上那双神奇的羊角。

突然，手心一阵刺痛，急忙缩了回来。这才发现，已经被灼热的石头烫红了。

大角羊，本名大角山羊，通常是羊群中的领头羊。由于它敢于与狼斗，尤其是对付独狼十分剽勇，因此深受游牧人的欢迎，成为草原上早期的动物图腾。

我仔细端详画面上的羊群，竭力想找出王建新指出的那几个特点。阳光洒在石面上，灼热而又刺目，让视线却变得模糊。我摘下墨镜，细看每一只羊的姿态与打制斑点，脸上却痒痒地仿佛爬满了冰凉的小虫，待伸手去摸时，竟发现已是泪流满面。

我越发吃惊地望着这群羊，想象着古人面对这种生理现象时的惶恐与敬畏，一种似曾相识的贴近感油然而生。

羊群中的羊有的头朝东，有的头朝西。昂着头的，傲视天下王者风范；低着头的，活脱脱一副僵持对峙的样子。古人的洞察力的确令人惊叹，竟牢牢抓住了大角羊生命中的亮点，把它们面对强敌时的矜持与拼死一搏前的蓄势，表现得活灵活现。

游牧人自打出生就知道，羊是他们生命中的粮食和水，只要有了羊能够生存的环境，人就能活命。所以，人们敬重羊、膜拜羊，羊也自然而然地成了草原人的神物。

晚饭后，揣着一肚子的问题和疑惑，我来到男生大宿舍向王建新求教。

考古队的夜晚比白天还要忙碌。小伙子们在王建新的指导下，有的在电脑中整理白天拍的照片、编写工作日志，有的在地上整理白天拓在薄膜上的岩画，还有的正比对着照片在临摹大角羊……

就在我感叹又走入了一个羊的世界时，却发现忙碌着的小伙子们，人人身上穿着一件画有大角羊的T恤。而且，这些穿越了数十个世纪的原始造型，与现代纺织物营造出来的时尚，效果出人意料。

不会是大角羊附体了吧！

小山上受到的游牧文化洗礼，让我首先想到了"神遇"这个词，随后便是强烈地付诸行动。

画功极好的刘美莹答应为我画一件岩画T恤，并提议用维语写上一行字："新疆石头上的画。"我欢呼雀跃，随即又贪婪地提出增加一条牛仔裤。得到应允后，主动退出前沿阵地，独自去享受尼勒克山谷的宁静。

下楼时，我忽然产生出一点好奇，羊作为草原人的食物和图腾，这种杀戮与膜拜的对立关系在宗教中是如何统一的。

漫步在星光灿烂的路上，我似乎感受到了王建新曾经的痛苦。

整整一天，没有一个人提起关于大月氏的话题。一句"多听、多看、少说话"的警示，锁住我爬藤般的欲望和好奇。考古真是个奇怪的专业，你介入的越深，收获的疑问便会越多。

可是点火的王建新却缄默不语，难道又发现了什么颠覆性的证据？

2. 寻找大月氏人的足迹（王建新口述）

樋口隆康来了

当全世界史学界都在被"巴克特里亚宝藏"和贵霜人搅成一锅热粥时，起步较晚的中国考古界这潭清水却还静若处子。

1991年8月，一个人的到来，启动了我考古生涯中的一次重大转折。

这个夏天，经西北大学报请国家文物局批准，我们邀请到了因"巴克特里亚宝藏"风头正劲的日本学者樋口隆康来华讲座。三场讲座的内容是：《巴克特里亚宝藏》《黄金冢》和《巴米扬大佛》。虽然每个讲座的切入点不同，却始终贯穿着一支中国游牧民族的身影，她的名字叫大月氏。

樋口隆康的讲座，在中国学者中引起强烈反响，让我们在震惊中看到了自己与世界的距离。作为三场讲座的翻译，在多次的聆听和复述中，我邂逅了这道困扰史学界已久的世界性难题。

事件的起因颇为传奇。

1977年，阿富汗首都喀布尔附近的一起盗墓案件，诱发了阿政府与前苏联联合组队，对该地进行了一次考古发掘，结果意外惊人。不仅发现了一座阿黑门尼德王朝时期的神庙遗址，还发现了7座（一座未发掘便遭遇战争）公元前1世纪到1世纪末，巴克特里亚统治者贵霜王族的巨大墓冢——黄金丘。

这些从前被人们误认作小山包的墓园，宛若一个巨大的艺术品宝库，出土的陪葬品工艺精美、文化蕴含丰富，仅黄金饰品构件就有两万余件，被命名为"巴克特里亚宝藏"。

尤为出人意料的是，文物中蕴含的中国元素与草原风格，把全世界的目光毋庸置疑地引向了东方。难道在匈奴、突厥、蒙古这三支草原大军进军欧洲前，还有一只来自蒙古草原的铁骑拉动过欧洲的触角？这个疑问一经提出，就犹如一枚深水炸弹震撼了史学界。

巴克特里亚黄金丘

与匈奴研究的历史如出一辙。

起初，欧洲学者宁愿相信他们是南俄草原的赛人，也不肯承认其是来自蒙古草原的枭雄。只有日本学者坚持认为，这批宝藏和人与中国的大月氏国有关。但蹊跷的是，这段特别的历史在中亚史和欧洲史中却均没有记载。

对巴克特里亚宝藏的进一步研究，打破了这道历史封锁线。黄金丘涉及的时间点，恰逢巴克特里亚王国转换为贵霜王朝前的历史黑暗期。因此，还原这段史实不仅能够解开岁月之谜，还将使我们对欧亚各民族早期的交往与融合增添新的认识。所以，20世纪80年代至90年代，在中亚史的研究中便形成了一股月氏研究的热潮。

当我们从樋口隆康口那里接触到这个炙手可热的世界性难题时，外国学者的研究已经有了突飞猛进的发展，并且明确指出，贵霜人为中国西迁的大月氏人。但是，由于缺少大月氏人在中国境内的原始资料，虽然有了倾向性的意见，却无法做出结论性的认定。

送走樋口隆康，我用了整整一个星期的时间思考关于游牧民族研究的问题，最终决定加入这场"世界性征战"，不仅是为了搞清兄弟民族的历史，更为着让全世界听到中国考古的声音。

大月氏是一个了不起的民族，他们的迁徙不仅引发了古代欧亚大陆历史的重大改变，还在中亚地区遗留下大量与印欧语系相关的古代语言和文字遗存。显赫一时的贵霜王朝，又将这些语言和文化的传播发展到了极致。对于这样一个根据《史记》《汉书》等可靠文献记载，曾经成长于中国境内的古代民族，让他们创造的历史与文化成为千古之谜，将是我们考古工作者的失职。

为了搞清是什么阻碍了国内月氏研究的发展，我专门就此进行了调研。结果发现，首先是月氏在中国境内的活动时间、地域一直都没有确定，所以找不到与其相对应的文化遗存。其次，用研究定居文化的方法理论去研究游牧文化，缺乏针对性，难有突破。加之，我国少有专题寻找的一线研究者，故而使许多问题和疑点束之高阁。

由此，我为自己制定了一个工作规划：用一年时间，梳理史料，从中找出没有破绽的月氏人活动区域和年代上下限。再用两年时间，实地调查月氏人居住过的区域，找到遗存或遗址。只有这样，才能确认月氏与"巴克特里亚宝藏"一脉相承的文化基因。

一切开始得那样偶然，一切又开始得如此迫切。有人总结事业成功的五个要素是宗教般的虔诚、竹子般的韧性、老鹰般的眼睛、大海般的胸怀、傻子一般的运气。我不敢说自己拥有了这般特质和好运，但我确认从零起步、挑战空白，是此生最令我精神抖擞的一件事。

诘问司马迁

整整一年的时间，我徜徉在史海流云的历史话卷中，寻寻觅觅、求证斥疑，终于找到了一个突破口。

司马迁在《史记》中明确指出，月氏居于"敦煌、祁连间"。《后汉书·西羌传》《史记正义》也认为：月氏居敦煌以东，祁连山以西；敦煌郡在今沙州，祁连山在甘州（今张掖）西南。然而奇怪的是，在文献中指出的区域却从未发现游牧民族生存的信息。

一个好猎手必然知道，寻找猎物要去猎物喜欢的地方。找人、寻物其实皆无例外。月氏是一个以游牧为生的马上民族，喜欢"逐水草而居"的特性世人皆知。牲畜要吃草，人畜要喝水，没有水草的戈壁滩怎么可能成为游牧人落脚的地方。

月氏——马背上的民族

循着司马迁的这条线索,我在《史记》中的各个传种、故事中奔波流连,直到发现唐代学士颜师古的标注,月氏居所的问题才似乎柳暗花明。

颜师古在为《汉书·霍去病传》作注时写到:"祁连山即天山也,匈奴呼天为祁连。"并明确指出:祁连、敦煌间应指"祁连山以东,燉煌以西"。

读到此文,我大喜过望,感觉以往研究的误区或许就在这里。司马迁撰写《史记》时,月氏人已经西迁,占据月氏地盘的正是匈奴。司马迁本人没有去过西域,资料来源出自知情人的口传,匈奴人将天山唤做"祁连"实属正常,而司马迁照单收录,这就难免给后人制造出一场迷局。

但是,要确认这个推理,还必须拿出言之凿凿的证据。

功夫不负苦心人,匈奴的"祁连",终于被一条隐秘的行军路线揭开了谜底。

据《史记·匈奴列传》记载,骠骑将军霍去病第二次领军攻打匈奴时,是与合骑侯公孙敖一同领命,共同由北地郡出发,兵分两路去攻打祁连山。然而,霍去病如期到达,却不见公孙敖的身影,只好单独率军突袭,大获全胜,公孙敖则因迟到贻误军情而险些被斩首示众。

公孙敖也是一位能征善战的将领,为什么会犯这种丢官舍命的错误呢?进一步查阅资料发现,当时从汉朝的北地郡通往西域的路有两条,南路经河西走廊,北路走蒙古草原。如果按照一个祁连山的位置来推演，霍去病的进军路线就出现了明显的不合理。

汉朝霍去病将军

首先，他要进入河西走廊，再北上过居延，然后返回河西走廊，再去攻打位于张掖、酒泉之间的祁连山。这样的进军路线，在军事上既不合理，也不可行。况且，分兵异道的公孙敖走的是哪条路线呢？如果霍去病最后是在河西走廊与匈奴交战，又何谈已"深入"匈奴腹地？

再读古史时，《盐铁论·诛秦》中的记述，支持了我的质疑。

"故先帝兴义兵以征厥罪，遂破祁连天山，……浑耶率其众以降。"此处所说的祁连天山，就是霍去病攻打的祁连山，也就是今日的天山。

后来，我在《史记·匈奴列传》《史记·李将军列传》中也都找到了例证，明确说明，天山的名称作为意译的汉语当时就已经存在。只说音译为祁连山，音译和意译连在一起就是祁连天山。如此，霍去病从北地郡出蒙古草原，过居延，经甘肃西北部马鬃山区的小月氏故地，至天山北麓，深入到当时匈奴的腹地；公孙敖经陇西郡，通过河西走廊，前往天山的行军路线都顺畅契合，并符合作战精神。只是公孙敖的南路，无论从距离，还是环境的恶劣程度上，都超过了北路的草原路线，未能按期到达便是容易理解的了。

古祁连叫了天山，那么今天的祁连山在当年又叫什么呢？

我在《史记·大宛列传》和《汉书·西域传》中找到了月氏大部西迁后，对其老弱病残去向的一段记述："其余小众不能去者，保南山羌，号小月氏。"

《史记·大宛列传》也称："汉遣骠骑破匈奴西城（域）数万人，至祁连山。其明年（元狩三年），浑邪王率其民降汉，而金城、河西西并南山至盐泽，空无匈奴。"这两处所说的南山，都是今天的祁连山。

尤其是第二段中的"祁连山"与"南山"并见，更能说明汉祁连并非今祁连的事实。西汉时，西域的南山是指今天的喀喇昆仑山、昆仑山、阿尔金山等，与今祁连山相连，为示区别，祁连山在当时又被称作汉南山。

这个发现是颠覆性的，既锁定了地区，又锁定了下限的年代。于是，月氏人活动的真正舞台便浮出了水面。从天山北麓到河西走廊，既有富饶的山间牧场，又有河流、绿洲，完全符合游牧人理想家园的要求。

天山下有支霸王骑

在公元前2世纪前的数百年间，北方草原上活跃着多支游牧民族，仅有名有姓的就有西域36国之众。在这些游牧王国中，月氏人扮演的究竟是个什么样的角色呢？《史记》中的一句话，向我们提供了极为重要的线索。

月氏国的军队

"当是时，东胡强而月氏盛"，曾北凌匈奴。这段话不仅表述了月氏的国力和军事力量，还告诉我们，此时，中原人已经知道了这支驰骋在天山草原的霸王骑。

进一步查阅史料发现，强盛时的月氏，拥有着20万"控弦士"（战士），占据了从天山北麓到河西走廊大片的地域。北凌匈奴时，曾迫使匈奴王将王子，也就是后来的一代枭雄冒顿，送往月氏大营当质子（人质）。就连汉武帝西进前，首先想到的也是派张骞出使西域，去寻找西迁的大月氏人联手。

可是，翻开中国近代的历史教科书，却发现一个奇怪的现象。同为草原民族的东胡和当时的弱小部族匈奴、乌孙、白羊、伶仃等以至后期的突厥、鲜卑、契丹、蒙古都占尽风头，而独独缺少了曾经雄霸草原半壁江山的强盛民族月氏。这究竟是为什么？

东汉张骞出使西域

顶着一头的雾水，我再次去史书典籍中寻找答案。

在浩如烟海的积年往事中，虽然时常也会有一二个关于月氏民族鲜活的气泡冒上来，但是，在月氏西迁前，中国典籍对他们的记述也是少之又少，古往今来的情况惊人地相似。

直觉告诉我，这其中一定掩藏着不为人知的秘密。

我耐着性子，在详读了史籍中那些多有记述的游牧部族"轶事"后，逐渐品味出了其中的奥妙，禁不住哑然失笑。

原来典籍中屡次三番出现的这些游牧部族，大多是因为掠夺、进犯或陪衬胜利者才被载入史册。也就是说,古人因不打不相识的原因忽略了月氏;史学界又因不了解退避三舍而造成了月氏研究的真空。于是,一个好端端的强盛民族就这样人间蒸发了。

与匈奴和诸多草原部落相比,月氏这个成长于中国北方草原,却被北方草原历史所遗忘的事实虽然不幸,但也暗含着事件本身的逻辑性。游牧经济相对脆弱,一遇灾雪天气,便会全线崩溃。这时,游牧人群最快捷的补偿方式,就是对定居人口实施抢掠,而月氏恰好是游走于这个规则之外的马背民族。

势力强大的月氏为什么不像周边游牧部族一样,也在休牧期或灾后对中原进行抢劫呢?答案出人意料,原来月氏民族的补给方式不完全依赖游牧经济。这个发现令我的每一根神经都兴奋起来。

月氏靠什么支撑百万人口的生计?这个北方草原的强盛民族,虽然创造了600余年的辉煌,却厌恶打仗、不喜抢掠,此般另类的民族性格,霍然令我对其经济模式和治国方针产生了浓烈的兴趣。

(未完)

2012 年 11 月

作者连续八年跟随西北大学考古系教授王建新率领的课题组团队到新疆考察发掘并体验生活,她几乎跑遍了新疆,收集了大量的素材,为创作打下了基础。2007年,新疆巴里坤东黑沟遗址被评为"中国十大考古新发现"之一,作者作为王建新团队的随行人员见证了此次发掘的全过程。这里摘选了一段2006年作者在新疆巴里坤的日记,可窥见作者在新疆考察体验生活之点滴。

新疆巴里坤日记

(2006年7月27日—8月17日)

乌鲁木齐新疆考古研究所商定了小河墓地的写作计划,重点看完了伊所手中关于小河墓地的资料,写出了大致的写作构想。

7月27日　晴

经哈密来到巴里坤。

一过寒气沟,空气就明显地变凉了,坚持了一会儿,拿出绒衣穿上,还换下了脚上的拖鞋。……看见几处帐篷营地是人们旅游度假的地方。

陈小军发来短信,在石人子乡一组接我。

坐上小军的车来到驻地。很好,尤其是自建的厕所。

放下行李,我跟小军去山上送饭,见到王建新。看了正在露出原貌的由大石头垒起的祭祀台,很是壮观。下得山来,又和小军去县城买菜,又进巴里坤县城,让我感到亲切。因为气候凉，这里不产蔬菜和瓜果，蔬菜和水果都是从哈密运来，因此价钱很贵，与乌鲁木齐相近。

晚8点山上的人们下来，由于人多，我一人住在不远处的一户村民家，条件很好，也很干净。

巴里坤石人子乡的工作室兼卧室1

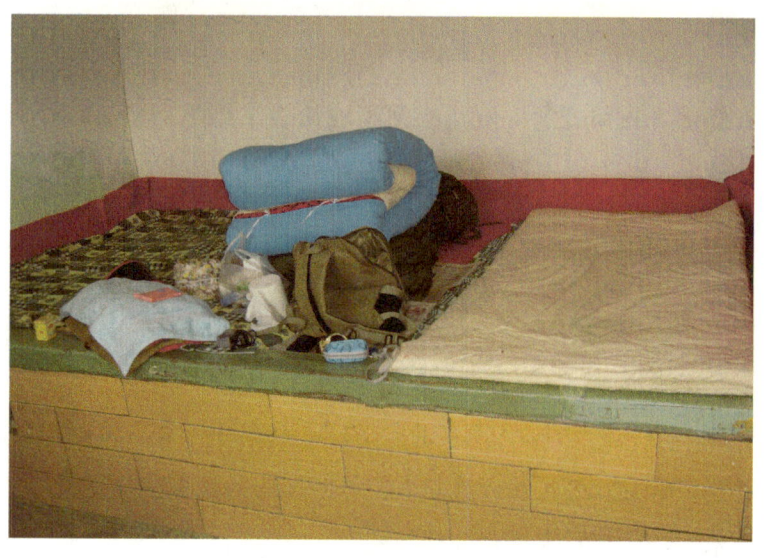

巴里坤石人子乡的工作室兼卧室2

这家的男主人叫卢长福，女主人叫贺颜清，有两个可爱的女儿，老大叫卢静，性格温顺，老二叫卢晓性格直率。看得出来，这是一个幸福的家庭。

7月28日 晴

　　一早跟随"大部队"上山，看了祭台、墓葬的发掘情况，祭台上除了7个磨盘形火坑，烧黑的陶器碎片和泥土都说明这里曾经有过很热闹、壮观的场面。是盛宴，是祭祀的场面？目前还不得而知。但是，对磨的使用，大家已经有了几种意见。给庄稼脱壳，这是通常的看法；可是就场面上看，却不像是脱壳的地方和场面，更像是点火吃肉的地方，那磨的作用就只能是肢解肉食的地方；还有一说，就是和面，或是烤制面食；细心的小军还在两个磨上发现了菱形的网格图案……

巴里坤石人子考古工地

　　祭台下面是一些居住基址，每一个基址的面积都在20米以上，有的更大。在一间正在清理的基址中还埋着一具死尸。王建新的看法，这里是2000年以前匈奴人的夏季王廷。的确，这里地处山北，山势环形相抱，前面巴里坤平原一览无遗，是个易守难攻的好地势。西面山头上守望的是左贤王，东面山头上驻守的是右贤王，历史上西汉、东汉对匈奴的6次攻打，王建新认为都是在这里。这里是目前国内发现的唯一一处游牧民族的聚集遗址，改变了过去认为游牧民族都是搭帐篷，所以没有留下遗址的说法。

考古采访手记

西北大学考古系教授王建新

2000年前匈奴的夏季王庭

令大家兴奋的还有1号墓的发掘，三四米的墓葬里埋葬着一个年轻的、身高不低的可能是男性的尸骨。与其他几座墓葬不同的是，他有一个不错的棺木，棺前摆放有6件陶制的冥器，有一个双耳的小罐、三个小盘、一个小小罐、一个酒杯。尸骨的牙又齐又长，腿骨也长，腰间还有四个圆形的贝壳，王建新希望能出现一个腰牌，或是铁器。奇怪的是，这座墓葬与其他几座一样，尸骨的头和身体是分离的，开始有人分析是老鼠拖动的，可个个都如此，就不可信了，因此有推断是不是死于

192

战争，入棺前就已身首分离？但是1号墓主的头却是倒栽葱似的头顶向下，脖子断了，下颌骨也脱落，因为封土中发现了几块大石头，所以有分析，可能是石头砸断了脖子，头部的土下陷造成。

阳光很强，我来后，天就热了起来，带着的棉衣没有穿上。

午饭后，下午下山，看小军洗陶片，我竟然还拼出了几块，很有成就感。

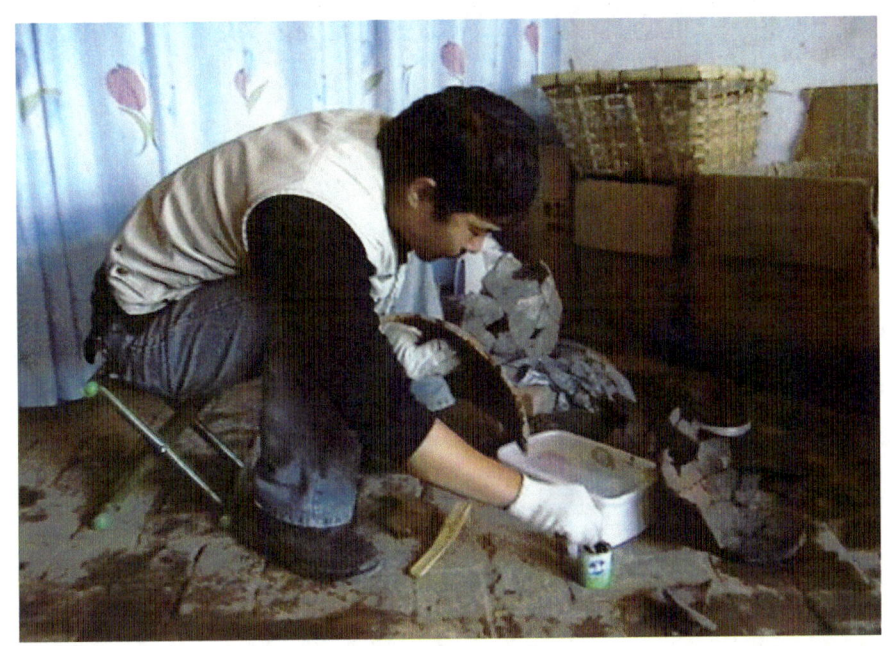

修复陶罐

7月29日 晴

一早上山，在山上整整待了一天。

租来的大吊车上山来帮助照相，走到一半就不走啦，线路太难走。小军去说后，才跟在我们的车后上来。一路上，我们提心吊胆，生怕司机又撂挑子，担惊受怕，总算带着他上得山来，又被挡在了最后一道坡坎上。在小军的指挥下，冲了两次，都没有上来。观看的人心里都非常紧张。吊车自重13吨，斜着上坡时，顶上的吊臂就歪了，仿佛要把车拖倒。只好等拉民工的车上来拖。

拉民工的卡车上来啦，大家一听，就说人比车有劲儿，于是几十个人扯着绳子把个大家伙拉了上来。我也拍下了一张壮观场面的照片。

民工拉吊车场景

吊车工作场景

　　我先是四处看看，后就在 1 号墓上帮忙。不久，照相的工作准备就绪，于是全面清场，我们只好在帐篷里等候。

　　照相的工作很艰辛，人跪在吊车的一个大桶里，身子在外拍照，个子大点的很痛苦，不能戴帽子、眼镜，甚至不能穿鞋。人吊在 15 米的高空中来回地转，但马健、小原点生、席童元几人轮换着上去拍，直到下午。

大概 4 点，我们开始工作，我在 1 号墓上帮忙，很有成就感。

晚 8 点下班。

发掘完后，高空拍摄的照片

7月30日 晴

一早上山，先上祭台看了看新的面貌，北大来的黄珊指挥着民工们搬石头，搬掉了现代牧人垒羊圈的石头后，从前的遗址形状就看得更清楚了。我一面看，一面在心里佩服他们的眼力，怎么就知道哪些石头是现代的？

看了一圈后，我回到 1 号墓去倒土，这里正好缺一个人，我便当了小工，看着底下太晒，晃得看不清颜色，我为他们举着遮阳伞。

吃过中午饭，没能马上下山，因为乡里的马乡长要上来，王建新和小军的车就等在山上。我继续干活。直到乡长和两位村长上来，我录下了他们的谈话，与他们一起看了祭台。

清理祭祀台

晚上村长在家里请全体队员吃饭,还有乡长、巴里坤的广播局正副局长等,大家喝酒唱歌好不热闹。乡里还送了两只羊给考古队以示慰问。

送走了乡领导,村长又拉我和王建新回他家聊了一会,很晚了才回来睡觉。

7月31日 晴(热)

今天是七夕,牛郎织女在天河相会的日子,也是现今商人们炒作的中国式情人节。晚上要吃烤羊肉串、炖羊肉,加上又是任盟的生日,大家一早就格外兴奋。

我留在家里写新书的大纲,王建新和小军到县城去采购物资和蔬菜,他们下午上山了,我仍在家中。

7点,我去驻地穿羊肉串,没想到已经有一部分人回来了,大家真的高兴得像过年一样。我赶紧钻进厨房干活,反正我不吃羊肉,给大家穿肉串是最好的差事。

请来的烤肉师傅真不简单,肉串烤得很漂亮,孩子们吃得高兴坏了,吃蛋糕时,开始捣乱,闹到最后,人人脸上都抹上了奶油,一个也不例外。席琳抹完邻居老赵后,就躲进厨房,一直睡在小军的床上,但最后难逃厄运,被大家来了个关起门来围攻,摸了一脸花。王晓琨去村外给妻子打电话,结果还是被大家惦记着,十几个人一道去村口等,终于被抹了个满脸花回来。

最有创意的是在脑门上画岩画,任盟先给席童元画了一只羊,结果大家都排着队让任盟画,最后人人抹了脸、照了一张集体照才算完。

聚餐

盛妆晚宴

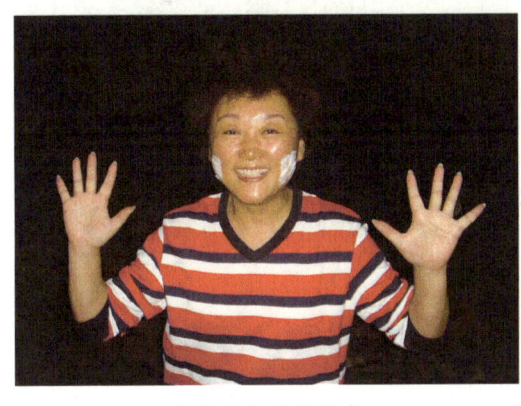
被抹上奶油的作者

脑门儿上的岩画

席童元昨天醉酒后，滚了一身泥，饭前去红山洗澡的功夫，背回来一袋玉米，饭后几个人去村外烤玉米，我们则等在院子里，准备到时辰，在小院外看牛郎织女星。还真是给我们等到了，到王建新指着牛郎织女星告诉我们时，一下就勾起了我童年的回忆，牛郎星和前后的两颗小行星就像一根扁担上挑着的两个孩子，在天河的一头，最亮的那颗织女星就站在天河的另一头……

很晚了，我和卢静回家睡觉，洗都没洗，就用湿纸巾擦了一下便睡觉了。

8月1日 晴（热）

上午在家整材料，中午和小军一起上山给大家送饭，天气很热，李韬一下来就脱了个光膀子，人人脸上都黑黑的，很是辛苦，可每个人的情绪却都很高涨。宋亦萧的1号墓清完后又有了新的情况，迹象表明当前的墓葬下面还有东西，于是，1号墓的工程继续向下。其他几座墓仍在找底层阶段，很是辛苦。魏婧和周剑红身上脸上都是一层土，用手一揉，出了个黑烟圈，吃过西瓜后，嘴唇洗干净了，却出现了两撇八字胡。说起这个，大家笑倒一片。

果然如小徐所料，天气太热，人人下来都吃不下饭，绿豆汤和西瓜成了最受欢迎的，吃过喝过之后，才想起吃饭，但饭量却明显地小于往天。可是上工哨音一响，大家就提起工具走向自己的岗位。

我顶着火辣辣的太阳再一次登上祭祀台，昔日的面貌更加清晰，虽然已经有十几个大磨和条石被起走，但是又出现了两三个明显的圆圈形火塘。周边烧黑的泥土和各种陶罐的碎片证明了它们当年的火爆。当年，在这个近百米的祭台上，曾经有多少人在同时进餐，那又是何等壮观的场面呀。我不由得闭上眼睛，想象着当年那个祭祀后的盛宴，热烈、喧闹、血腥、火爆……；天山的风和绿树的清新曾经和他们是那样的亲近。可是2000多年之后，天上的白云和山间的风还能为他们作证吗？

下山时，我开始晕车，身体一会冷、一会热的，应该是中暑了。回到驻地，我难受得听不进任何人的话，只好放弃与王建新一起去县城的计划。汽车刚刚开出小院，我就吐了。

这个下午，我什么事也没干，就躺在小徐的床上睡觉了。

吃晚饭时，天阴了，对面的天山被沙尘遮住，看不见轮廓。大家以为明天一定要下雨，那样就会凉快了，我们的包饺子计划也能够实现了，我心里隐隐地高兴。

8月2日　晴（热）

早上一睁眼，已是8点，来到点上时，大家已经吃过饭、准备上工了。

昨晚下班时，拉民工和学生的卡车被扣了驾照，经过一番电话联系后，让今天去执法站解决问题。王建新希望我一起去，大概是还记得我2004年跑调查时的业绩呢。

本想不吃饭了，这下我赶紧喝了些绿豆汤。

王建新换了干净的衣服，我也稍事修饰，待小军送人下来，就叫上村长出发。我们准备了几套方案，可是出发时村长却脱不开身，只好我们三人上路了。

我们先去了奎屯的派出所，后又去了松树林派出所和交通执法站联合办公处，都没找到人，只好电话与昨天执法的阿达力警官联系，之后赶到他正在执勤的地方才算得到一个确切的答复，驾照虽没拿回来，但心里有了一些底，警官的态度也不错。我们计划明日再去。

在奎屯的公路边大树下，我们停车，王建新守着中国联通的发射架边上，打开电脑上网发信，我乘机跑到前面的小超市去给学生们买点零食。超市很小，放着食品的货架上有限的一点吃食一下子就让我拿光了，余下的都是些没法吃的当地产品。我一边买，一边想象着孩子们看到这些食品时的欢喜样子，心中十分满足。

这一趟，我们跑了80公里。

8月3日晴（热）

整理书稿线索，想写一篇散文《巴里坤奇迹》，构思并开头。

8月4日 晴

总算起了个早，刚洗完脸，小徐便来了，说是王建新要去吐鲁番和哈密，问我去不去，想到高局长几次都没有得到我答应的稿子，就下决心不去了。

王建新的车刚走，传来大家全体休息的消息，处理好高局的稿子，王晓琨联系的车就等在了门前。我们商量好先去巴里坤湖，再去大河唐城的计划，如果时间来得及，就去一趟松树塘森林区。

车到县城，高局长已经等在广播局门口，还有前文管所所长彭兴礼。我将U盘交给高，高交待让彭给我们当"领队"，正好车上有一空位子，我们便出发了。

彭自封"野导三郎"，他一上车就更改并丰富我们的计划。于是我们全盘听取了他的意见。路上才知道，凡来巴里坤的领导干部参观，都是由他充当导游的。果然名不虚传，车一出巴里坤县城，他的嘴就滔滔不绝地讲了起来。先讲了眼前不断一闪而过的巴里坤的烽燧，又讲了一直在车窗外闪动的尖山子的故事。尖山子矗立在天山的前面，上面没有一棵草，却有着许多的传说。

右面我们看见了巴里坤湖，听见了巴里坤湖3000年来的衰落，从1200平方公里缩小到今天的40平方公里。

车经泪泉，我们下车，用瓶子打了一瓶矿泉水，清凉解渴，哈萨克人叫它们神泉。

穿过一个哈萨克人的村庄——海晏村，我们初步领略了巴里坤草原的壮阔。走在一个个泛着芒硝白色的草垛子上,有人想到了红军长征时走过的草原沼泽地,鞋有些湿了,时时会陷一下,让我们发出惊叫。在草甸子的边沿,我们看见了一群群水鸟,彭导不许我们走近,一怕惊了水鸟,二怕有人陷进泥潭。

在巴里坤的合影

作者与巴里坤烽燧

第三站,我们看了巴里坤保存最好的一座烽燧,骄阳中,我们走上前去,领略那远古的苍凉和肃穆。之后,我们去了两座哈萨克的毡房,虽然他们已经用上了简单的太阳能发电装置,但是他们的生活却并不富裕。我们看到了漂亮的小巴郎子和哈族姑娘为自己绣出的嫁妆。

巴里坤湖最先让我们领受的是阵阵的臭鸡蛋味儿，这个咸水湖给我们视觉和感官的印象都不大好，它让我联想到的是衰落与颓废。当年，从这里绵延到红山的上千公里水域是何等的壮观、何等的富足，它曾经让生活在这里的草原民族充满美好的梦想，并滋养着他们的生活。蒲类海的名称是古代先民对他的尊崇与敬畏。可是今天，它像一个干枯瘦小的老人，被芒硝和工厂所累，一段长堤切断了它的身体……

一路欢歌笑语回到巴里坤县城，我们先去看了一栋四合院的古民居，之后去吃饭。之后又看了一个曾经是巴里坤四大商号之一的大门木雕，竟然有着印度文化的影子，不由为巴里坤文化内涵的丰富感叹。

被湖水上乐园让我很畅快，老油坊150年历史的古老令我们震撼。据说这是西北地区仅存的一座还能使用的老油坊，两条粗大的红松木厂干让我们想见到这棵树当年站在高山上的雄姿。

在大河古城的合影

大河唐城历经几百年，已经成为一个高大的土围子，远看就像一个黄土砌成的土龙。站在她的高墙上，我怎么也想象不出来，当年城内会有300多间房子。城中的东南角是个小小的内城，估计是当年驻守在这里的最高长官住的地方，或许还带有家眷？附城在主城的东边，面积与主城大小差不多，都是200米左右的长宽。

最后我们驱车30公里到了旅游景区松树塘。车经直开到山坡上的草场，放下车，我们抱着吃的上了更高的山坡，在树林中找到一片荫凉处坐了下来。这里很舒服，我又不由得想象着当年的游牧民族部落为什么不放弃这里的一丝领地，这里的确太美了，即使艳阳高照，只要躲进树林，就清凉无比，据小高说，从前，这里的水沟中常年有水，把西瓜放在里面，一会儿就凉透了，可是现在，水沟里的水干枯了。真的有些冷了，于是，我们下山。

这一天，我们过得既充实又高兴，历史的、现实的带着新鲜的气息一股脑地来到我们面前，我有些来不及消化。

8月5日　晴

洗衣、拷照片、收陶片，忙了一早上。

中午，王建新和小军才回来，为浇了两天的暴雨所累，山上的人下来了，我洗的衣服也一会儿晾出、一会儿收回地倒了几次。

没菜吃了，可小军和王建新却陷在诸多的琐事中，难以抽身。交警大队的事还没解决，研讨会的事一一要办，工地上一应巨细，想想就累。

下午，小徐用新疆所送来的羊肉和仅有的罗卜包羊肉包子，我又去帮厨。

大家吃得高兴，我喜。看到昨天的照片，我更喜。

8月6日　晴（热）

卢静家今天要上山祭祖，这两天，她家人来人往，大概有几十口人，光孩子就有七八个，有些住在她大姨家，三四个人住在卢静家。我说让卢静住进来，可她妈妈贺颜清却不愿打扰我，仍让我一人睡一间大房子。这两天，我与她聊天，发现她是一个很实在的人。

在卢静家吃了早饭，一个油塔、一个鸡蛋和一小块面包似的烤饼。

同小军、王建新到县上买菜，准备顺便将给高局长拷稿子的U盘取回。到县上才知高去哈密，把U盘给了彭兴礼，可彭却关机。不过高说我的稿子对他很有用，他会多用一些，我很高兴。王建新问我怎么想的，我说只要是宣传这项研究，我都高兴，也无所谓。的确，名利对我来说淡之又淡，我很难用心去计较，我对自己的这种心态很自豪。

王建新说附近农民修井挖出了一个墓葬，形制同这里的有些相同，这一两天要去搞一下调查，我积极申请一道前往，他同意了。

8月7日 晴（风开始透着凉意）

跟小军上巴里坤县城去看望阿达力警官，为被扣的两张驾照，我们前前后后跑了四五趟，还是没有拿到，真是磨人。县文物局长姜小亮带着我们去医院找阿达力，他的手被狗咬伤，正在医院输液，正好是我们增进"友谊"的一个机会，阿答应第二天下午给我们，我们千恩万谢地离开红会医院后，将姜送到办公地点后，去买菜和上银行。

采买完毕，我们又到"仙姑庙"门前去接姜小亮加上他的两个部下。先去乡政府找马乡长，原因是一队的部分村民电话威胁考古队，占用的几亩草场地要算算账，否则将发动村民把考古队赶下山去。乡长当即打了电话，告知这件事由乡政府协调。

姜和薛，还有一个姓杨的山东大学刚分来体验一年的学生来到驻地，商量了研讨会事以后，便在王老师的陪同下上山去了。王老师在极力平衡一些地方上的矛盾，所以三人下山后又留在住地吃饭，搞得小徐措手不及，幸好中午有剩菜，否则不知如何才好，火上蒸着馒头，不能停，正在搅拌中的拌汤也不能熄火，真作难了。送走姜小亮三人，我们开始做东瓜丸子汤，虽然手忙脚乱，但却受到了大家的欢迎。

巴里坤工作室兼卧室 3

夜晚遭遇老鼠，着实虚惊一场。后来才知麦子开始收割啦，打麦场附近就来了老鼠，住在三个打麦场边上的卢家，自然要有老鼠光顾了。

8月8日 热

整理笔记时，晓晓来通知我，巴里坤县公安局抓到一伙盗墓的，王老师一会儿去帮公安局鉴定收缴的文物，问我去不去。当然，我收拾好东西就去了驻地。

收缴的文物

县公安局抓获的是一个盗墓加贩卖文物的团伙，缴获瓷器六件、玉器三件，王建新看过之后，认为，六件瓷器中，一件清乾隆年间官窑出产的碗最为珍贵；其次是一件清白釉的碗。三件玉器中，一件易事翡翠的玉环较为贵重。但另两件镇纸也很不错。估计价值应在20万元以上。可是狡猾的盗墓贼却跟公安人员说玉是玻璃的。郝局长（兼政委）告诉我们，早就盯上这几个人了，机会把握得很好，就要在他们交易的时候，才抓住他们。

具体内容，郝局不说，只告诉是县城坡上的三座墓是这几人盗的，王建新去看过，说是三座清代墓葬。我们拍下了文物的照片。

当伙夫了。杂事很多。明天和王建新去哈密。

8月9日 热

山上传来好消息，祭台虽然停了下来，可李韬和魏婧正在挖掘的墓葬却在不断地有新的进展。尤其是魏婧的墓，封土中就出了6具人骨，还有陶罐、铁器等物，大家都很高兴。可是，自从祭台停下后，不协调之音就出现了。昨晚，王老师召开了一个全体会，看来效果还不错。

一早，王吃过饭，就和大家一起上山。下来后，嗓子都喊哑了，他说要写完一个东西才能出发，这样就到了2点钟。

4点多到哈密，先去文物局，再去看研讨会订制的东西，之后回到宾馆洗个澡，换上衣服，王建新约的吃晚饭的人已到楼下，有地区博物馆的周晓明、郭峰，文物局的艾合买提。我们五人先到了距商业宾馆不远处的盆盆肉餐馆，落座后，就打电话找刘国瑞，还有博物馆的一位马女士，还有新疆考古所来这里配合刘国瑞天山北麓收尾项目画图工作的一位女士。忙忙叨叨吃到11点钟，大家一起到宾馆取了王建新的东西，送他到火车站，反正他三天就回来，我没有去送。好好地洗了个澡，谁知夜里却失眠了……，床太硬，想卢静家的床。

8月10日 热

一早还没醒，席琳的短信就来了，刚回了一半，唐文一（丈夫）"骚扰"电话又打了进来，没法睡了。一想到今天的一大堆事，翻身起床，像打仗一样。

订票、买汽车配件、去博物馆看天山北麓的出土器物等，还有帮女孩子们买东西，送卢静上大学的礼物……，急急忙忙到中午1点还剩两件事，到宾馆退了房，背上行礼又去办事，直到4点才坐上回巴里坤的汽车。

路途虽然辛苦，但晚上，当看见姑娘小伙子们高兴地吃着我带回来的小食品时，心里十分高兴。

李韬的墓出金器了，这本是一件好事，可是由于他的不注意，把好事变成了一件令人担忧和不快的事。本来王建新安排这一段，如果见棺盖，民工撤下去再干，免得传出不必要的消息影响明年的工作，给文物保护带来不必要的麻烦。

王建新在电话里批评了李韬后，晚上，小军安排了六个男生上山守夜。

家里的气氛紧张起来，马健几人个个拉着脸，黄姗还当着我们众人的面摔门，大家不知为何？想了半天，也不得其解。我是这里年龄最大的，所以就去问马健和黄姗为什么？二人均不说，我也没辙。

晚上回来的路上，碰上李韬，我们聊了一会，知道了一些他们心中的想法，我却只能是劝解，希望他们年轻人不要意气用事。

天很冷，我穿着小绒衣，后来竟哆嗦得说话也不利落了，我给王发了个信息。

8月11日

和李韬、马健谈话后去县城，采买后又去医院看李韬，给他当了一回家长。

1点回到点儿上，忙忙地吃了几口，就和小军上山送饭，本想去魏婧的墓看看，可是小军已约好去松树塘派出所取驾照，只好下山。看到山上的民工情绪稳定，我也就放心了。

松树塘回来，我好好地睡了一觉，感觉仿佛是一场大战过去了。只要这两天不出什么问题，待四个人走了，这里就安静了。

晚上去洗澡时，发现了一个歌舞厅，很高兴。同时还发现了能够买到新鲜蔬菜的地方。据说这家是以前的乡长，难怪院子那么漂亮，同时还有玩的地方。

8月12日　热

在家写稿。

王不在的这几天，事情实在太多了。义不容辞，我成了点儿上的指导员。与人谈话，天天上山送饭。或在点儿上待着，洗陶片、做饭打下手等，从早忙到晚。

8月15日　热

卢静家请客。

8月16日 热

6点钟回到点上,发现后门闪过一个亮丽的小姑娘的身影,急忙追过去看,却不见了。回来时,见到一个陌生的身影在扫地,于是想起魏婧说的他们老师要来的事情。她还特骄傲地告诉我们她的老师是帅哥,帅极了。

过去问魏婧,为什么不介绍,于是认识了她的老师——大帅哥魏坚。魏老师不像魏说得那般帅气,但人很风趣。她的小师妹杨月很可人。他们一到就上了山,并且在下工后由席童元带路从山上一路走下来,那可是一个半小时的路呀,仅这一点就令我肃然起敬。

七队的民工晚上请大家吃饭,本打算不去吃,我在家里看守,可是细心的王晓琨可能作了介绍,也许是中午上山时与民工聊了会儿天,民工们特意走到卢静家请了我,真是有点却之不恭了。

8月17日 热

一早起来,颜清就说让我在家里吃饭。我以为只是说说,谁知她竟煮好了两个荷包蛋、蒸好了油塔等着我,只好恭敬不如从命。我们边吃边聊,徐晓霞跑来告诉我去县里的车要走了。急忙跑到点上,知道王建新同意让我当"东黑沟遗址考古发掘专家研讨会"的会务,马上就去县里打点,准备迎接下午到来的专家团。

我又急忙奔回卢静家收拾行李,住了这么多天,没想到说走就走,有些不舍,却来不及细品心中的感受。只是看见卢静远远地向我奔来时,隐隐有种别离的隐痛。装了一半东西,小徐来啦,告诉我车已在门口。我匆匆与卢静一家道别后,跑步上车。

又住进巴里坤宾馆,这次却是以"东黑沟遗址考古发掘专家研讨会"工作人员的身份。

我们与维吾尔族的沙主任订好房间后,文物局的薛老师和彭兴礼就先后来到。薛与彭原先一个单位,二人不合,让我担心,可是彭却主动要求工作,与薛商量解除了我们的担心。县里停电一天,这让我们很被动,原定的大标语无法制作,彭提出他来写,于是我们就出去买写横幅的用品,还有礼品袋,定制胸牌(彭出点子,来电后加班，明早能够出来）。吃过午饭，彭果然送来了写好的横幅，这边的蒋小亮又误会了，让小军打来电话，让我们解释了好一会。最后说好了会场由文物局布置，我和周剑红负责贴宾馆的标语，可是等到快3点了，薛还不来，电话催后来到，说以为彭在这里，所以不来。

起风了，我们将标语贴在红绸子上，爬梯子去贴，却怎么也贴不上，只好等待援兵。薛骑车去叫来了两个大学生，我们的进程才快了起来。你说巧不巧，我们刚刚贴好欢迎标语不到十分钟，会议代表们就到了。我的一个脸没洗完，待我出去时，大厅里站满了人，有的已经去房间了。

庞大的毡房

晚饭去了一个度假村的大毡房，据说一个就能装200人。我们30多个人开了三桌，还有很大一块地方可以跳舞、唱歌。这天玩得很高兴，每个人都无拘无束地表现了一下自己，牙合浦江的歌和舞永远具有感染性，魏坚老师的蒙古族歌舞粗犷奔放，王建新的男高音令人陶醉，就连车广锦都跑上台去载歌载舞，加上焦南峰、余志勇和学生们的即兴表演，真的是人人尽兴。当然我的歌声令许多人吃惊，焦和余说没有想到我的歌喉会是这个样子，会这样高亢。1点，人们才余兴未消地回到宾馆休息。

这一天，我们既充实又快乐。

维吾尔族弟弟

弟弟是藏在我心底一份偷偷的骄傲，每当有人说起新疆，这个小小的秘密便会播撒出漫天的快乐，让我对那座城、甚至那里的人都亲近无比。

弟弟长得漂亮，总能让初次见到他的人眼前一亮。可是明眼人一看便知，我和他没有血缘关系，因为，基因的秘密就写在我们各自的脸上。

说起这段姐弟情缘，我的心便沐浴在天山下炙热的阳光里。

2003年夏天，我跟随西北大学文博学院王建新教授的课题来到新疆。

在伊犁去往哈密的途中，我忽然发现大家仿佛中了魔咒般地反复说起一个人，还轮番打电话给他。起初，我并未在意，听得多了，便钩起一份热辣的好奇。

牙合，这个陀螺般旋转的人究竟是官员还是办事员？竟全能到将我们在当地事宜统统包揽，简直就是个奇迹！

一问方知，斯人竟是哈密文物局局长。蹊跷的是，经过前几个县市时，没有人这般兴奋。还想发问，一个个拔出萝卜带出泥的牙合传奇相继出炉。有福尔摩斯版的《设巧计智擒文物贩》，惊怵版的《隐形客暗访盗墓贼》，侠客版《勇男儿独闯寒气沟》……，简直就是一部加长版的电视剧。最接地气的当属那段只身拦铲车的青口儿。

那年，哈密市拓展城市道路，由于没有考虑到遗址保护的问题，设计者便让环城路直接穿过创建了几百年的天山回民聚集地——回城。文管所（文物局前身）得知这个消息时，庞大的铲车已经开到了城墙下。

眼看有着数百年历史积淀的古城墙就要毁于一旦，牙合一个箭步冲到张牙舞爪的铲车前……后来，铲车司机被感动了；再后来，设计者让步了；又后来，保存完好的回城被评为"全国历史文化名村"。

故事给我的感动，让我对牙合有了先入为主的好感。听说几小时后将与他在伊吾汇合，心中充满了暖洋洋的期待。

午夜12点，当我带着一脸的疲惫与兴奋跳下车时，仿佛地球人撞上了天外客。被大家记挂了一路的牙合，竟然是个漂亮的维吾尔族青年。

作者与牙合甫江（右一）

那一刻，我完全被一种叫作惭愧的情绪击垮了。牙合甫·排都拉，我飞快地记住了这个名字。不想却又得知，他原是西北大学考古系毕业的学生。啊噢，我这个"老记"的职业自信彻底崩溃。至此，我害怕见到这个不像官员的局长。

离开伊吾那天，当地牧民为我们举办了隆重的家庭宴会。开席前，弹拨尔的演奏和奔放的维吾尔族舞蹈搅动起每一个人的热情。或许察觉到我的异样，牙合首先邀请我同跳"赛乃姆"。谁知一曲终结时，我竟然光荣地绽放为这个漂亮弟弟的汉族姐姐。

以后的几年里，我们走遍了哈密的天山戈壁，古堡部落……渐渐地，弟弟已如邻家男孩般亲切地走入我们的边疆生活。他活泼开朗、顽强奔放的性格深深打动着身边的每一个人。

一天，雷雨过后，顷刻露出初冬般的寒意。

出发前，我们都穿上了防寒服。一位意大利学者还戴了顶有护耳的皮帽子。只有牙合仍旧是一袭单衣。我担心地问他："要不要给你找件衣服？"他却调侃说："要是这点冷就穿棉，那冬天不要来我们哈密了……"

果然，不管是在暴热难耐的戈壁荒漠，还是青翠背阴的山间牧场，抑或古树参天的寒气沟，他都是一件单衣。

工作中的牙合甫江

后来我才知道，哈密文物局下辖三县数百个村庄，拥有700多公里保护区，有些还在汽车上不去的无人区。加之气候多元、多变，长期大跨度地奔波在这样的环境中，弟弟练就了超常的耐寒能力。

弟弟不仅外表漂亮，还有一颗美丽的心。一次，我们站在天山北坡古老的祭坛上，仰望山顶的积雪激情勃发。弟弟说，一个民族的生命力在于文化的传承。他想建一座博物馆，还有一座十二木卡姆传承中心，让更多的人和哈密的孩子们了解哈密的历史，清楚自己与世界的关系。这誓言般的承诺，让我看到了当年天山儿女扬鞭跃马的豪气。

新疆哈密十二木卡姆传承中心。左起：牙合甫江、作者、王建新

六年后，弟弟的努力成功了！

还是一个夏天，我们在弟弟的陪同下参观完博物馆，又踏上十二木卡姆传承中心大厅的楼梯时，弟弟开怀的笑声久久回荡在这座巨型手鼓般的建筑中……

弟弟是我藏在心底一份偷偷的骄傲，有时我也会忍不住告诉朋友：我有一个漂亮的维吾尔族弟弟在新疆。

原载2010年6月《人民日报》（海外版）

生活就是这样，从你爱上那个人的一刻开始，一幕人生的悲喜剧便拉开了序幕，无论你快乐还是痛苦，都将是刻骨铭心的记忆。

嫁了一个考古郎

少女时代的她是一位美丽、文弱、惹人怜爱的姑娘。出人意料的是，当她遭遇到属于自己的那份爱情时，竟一下子变得大胆执着、敢作敢为。她爱上了一个大她12岁的野外考古工作者，不仅令父母吃惊，也令周围的同事和朋友难以置信，并且不顾周围人的反对，毅然与所爱的人走进婚姻殿堂。今天，说起这段往事和他们的婚姻生活，她依然掩饰不住充溢着幸福与满足的笑容。虽然这段感情生活浸漫着他们太长的等待、思念与痛苦，但过滤下来的，却都是被泪水与汗水洗涤过的快乐……

从认识他的一刻开始，我心中那艘爱的帆船就仿佛找到了停泊的港湾。

18岁，当一个少女的花样季节来临时，我认识了他，那个改变了我一生的男人。他是我们英语老师的哥们儿，30来岁，瘦瘦高高的，长得十分帅气。虽然只是临时替我们老师带了几天课，但是我们却相识了。他英语口语很好，语法地道、发音纯正，令我们十分佩服。听说他父亲就是英语系的教授，他本人是个搞考古的，正和本校的一名女英语外教谈恋爱。可是不知为何，我却觉得从那一天起，自己仿佛变成了一粒微小的铁屑，被一个巨大的磁场吸引着，身不由己。

下课以后，我开始接长不短地去英语老师的宿舍请教问题。在那里，不仅可以聆听几位青年老师的高谈阔论，而且还可以见到他……那个让我的心可以完完全全安静下来的人。

几位老师个个才华横溢，虽然深居斗室，却心高志远，真的是家事、国事、天下事，他们事事关心。每当这时，我都是静静地坐着，让心里充满阳光地偷偷分享他们畅谈的快乐与兴奋。日久天长，我发现自己已经看不惯身边那些小男生们肤浅的语言与狂妄的自负了。我该怎么办？我感到了自己面临的危险与无奈，决定逃离这种让我上不着天、下不着地的尴尬处境。

这时，一个小男生果敢地闯入了我的生活，他一次又一次地试图击跨我心中的防线。但是，面对我的冷酷，他的努力都一一失败了。最后，他绝望地揭露了隐藏在我心中的那个秘密，并且宣战一般地告诉我说：那个人现在有的，我都可以有，而我有的，他永远都不能再有。

天那，我小心翼翼隐藏在心灵深处的秘密竟然路人皆知。我感到有些害怕和恼怒……生活就是这样，从你爱上那个人的一刻开始，一幕人生的悲喜剧便拉开了序幕，无论你快乐还是痛苦，都将是刻骨铭心的记忆。

我更加不敢去见心中思念着的那个他，刻意地躲着他。直到有一天，收到他好朋友的来信，才知道他的处境并不比我好。原来，这段时间他也正在为我痛苦着。看完信的那一刻，长期压抑在心中无法释放的情感一下子如火山般喷涌出来。我立刻跑到他的宿舍去看望了他。

这以后，我们的恋爱走入了正轨。也正是从这个时候开始，我才知道他有着火一样的激情和诗一般美丽的文笔。他常常在报刊上发表一些文章和小说，却一点也不耽误每天给我写信，即使这天我们将要见面，他也会写信给我。那时，一年里他常常有200多天在考古工地，我们很难见面。相思之情只有借书信来传递。有一次，他去的那个村子不通邮，可他却仍旧天天给我写信，直到拉给养的车出来时，才将信带到邮局，让我一下子收到了一大堆信。他的信写得真好，充满着激情，让人一看。便热血沸腾。以至让我常常怀着不忍独自暴殄天珍的心情把信拿给好朋友看，让她们一同分享我的幸福。

暴风雨还是来临了。在好事者的传播中，我的父母知道了女儿的恋情，还有人们捕风捉影的谣传。震怒中，父亲气得病倒了，母亲也指责我行为超越常人的规范。但是我却觉得，我的心和我的情感只有在他的这片港湾才能够找到安宁。

在一片反对声中，我拉着他的手走上了婚姻的红地毯，成为一名考古人的妻子。

> 坐月子时，几乎整个考察队的人都住在我家。他们高谈阔论，各抒己见，还为我包下样子不甚好看的饺子。

女儿的出生，让我坐了一个快乐而热闹的月子。

那一年，青海省的一个岩画工作会议在西宁召开，他的许多朋友都来到了西宁。原计划会议结束后，电视台的编导约上几个考察过野牛沟岩画的考古工作者一起野牛沟拍片儿，可是预产期还没到，我肚子里的孩子却被脐带缠住了脖子，必须提前生产。当时我很难过，我为自己打乱了大家的的计划而感到懊恼。为了安慰我，也为了节省经费，除了电视台和有急事脱不开身的人离开之外，其余的人都住在我家里等待我的生产。并决定，等我身体稍微恢复一些时，他们再出发。

待产的 24 个小时，对于我们来说是一个漫长的过程，但我却充满了幸福感。因为他始终陪伴在我身边。他搀扶着我，在医院的走廊里不停地来回走动，期盼着我们的孩子早点降临。这时候，我才觉得，仿佛刚刚学会享受他的体贴和关爱。我们一起回顾恋爱时的误会和艰难，父母、亲友的不理解，结婚后互不适应而各不相让的争吵，以至邻居颇为有趣的评论："你们俩真年轻，真有激情，整天还吵个架，……"我也告诉他，那一次他跑岩画调查回来时晒得像个非洲人，好开玩笑的邻居调侃我说："要是把你们家老公的头割下来扔到煤堆里，立刻就找不着了……"我们说着笑着，吓跑了对于初产的恐惧，迎来了女儿的出生。

坐月子的生活令我永生难忘。

结婚时，由于他是大龄青年，因此我们属于被照顾对象，分到了两间房子。从医院回到家，我和女儿住在里间的小屋，所有的男人们住在外间。每天，他们高谈阔论、各抒己见，人人都兴奋得不停地抽着烟。他们怕熏着我和孩子，便大开着窗子，间或却熬好了鸡汤，做好了饭。为了保证营养，他们常常包饺子给我吃。虽然饺子包得不甚好看，但是家里却天天洋溢着年节时的热闹与红火。

每天，关着门"偷听"他们的谈话，我不仅一点也不感到寂寞，相反，心中却充满了快乐。

妈妈来看我时，见我和孩子住的房间也开着窗子，便大惊小怪地替我关上，还郑重其事地告诉我说吹了风会落下月子病。可是等妈妈一走，我就立刻打开窗户，让新鲜空气流进来，供我和孩子享用。后来，我真的得了关节炎，但是却乐而不悔。我想，如果时光倒流回到当初，我仍然会做出同样的选择，谁让我是一个热情洋溢的考古人的妻子！

> 结婚是一件浪漫的事，而过日子却是琐碎平实的另一件事情，尤其是当丈夫常年不在家的时候。

"有女不嫁考古郎。"这是考古圈内流传着的一句自嘲的话，但却饱蘸着考古人和考古人亲属的某些辛酸。结婚不久，我便懂得了作为一个考古人的妻子需要有坚韧的意志和独自坚守的耐心。

一个月子还没有坐完，丈夫便和自己的队友们出发了。一年里，他总要在外面工作七八个月。孩子太小了，我一个人在家，既要工作，又要操持家务，还要照顾孩子，的确感到分身乏术，于是我想到了找个保姆来解放自己的办法。我拿出月收入近半的数额去找保姆，可是人换了一茬又一茬，就是找不到能够让人放心的。一次，下班回家，天已经黑了。我放下孩子，小跑着去同事家看新来的保姆。可是，却扑了空。同事见天晚了，便留我在家里吃饭。谁知她的话刚一出口，我便两眼溢满了泪水。我知道自己不够坚强，所以不敢面对同事询问的目光。当时，那种欲哭不能的痛楚至今想来仍旧有些伤感。

终于，我找到了一个叫冬梅的女孩。她工作认真，有责任感，不管我上白班还是值夜班，她都能够恪尽职守。除了贪恋看电视有时将奶锅烧糊一个弱点，其他都很让人满意。我们相依为命地度过了一段安静的日子。我常常想，遇到她是我和女儿的福气。

丈夫在家的日子，是我所有的同事们都心生羡慕的日子。虽然孩子的幼儿园就在我上下班必经的路上，但他却一定要绕道亲自去接送孩子。每天，三人同出同入，其乐融融。

  春节将至。那天，一位同事，急匆匆地赶来告诉我：你要赶快给丈夫去个电话呢，他打电话找你，听说你不在，立刻就哽咽地说不出话来啦。

  我相信他，也相信自己。因为，只要懂得爱不是索取而是奉献的道理，你为家庭做出的任何牺牲就都会变成一件充满乐趣的事情。两者之间有着本质的区别。

2004 年 8 月

开封，复兴中的城市之痛
——访"古城卫士"阮仪三先生

就读者对开封市古城保护中产生的疑问访问阮仪三先生，是我接到的一个意外而愉快的任务。因为，自打去年9月与几个朋友地毯式游历了河南后，写开封或是与开封有关的事儿，便成为积压在我心底的一个愿望。

新中国成立初期，被梁思成先生赞誉为"东方威尼斯"的七朝古都开封，虽经千年风雨沧桑，却仍旧保留着"汴京"盛景中水路纵横、汴河繁忙的景象。然而仅区区20几年的光景，这些记录着一个时代辉煌的历史遗迹，便随着城市化的脚步消失殆尽。一座积淀了千百年皇城文化、凝聚着百万能工巧匠智慧的古城，飞快地蜕变为一座千城一面的平庸小市。

从开封古城的沦落中，我们应该反思些什么？

多年来，这个从政府官员到平民百姓都应该有一个清醒认识的问题，却很少有人正视。

文化遗产，是一座城市，乃至一个国家，闪耀着璀璨光芒的成长标签。改革开放以来，尤其是近20年，当城市化进程加剧了与自然和古迹的矛盾时，如何保护好这些沉淀下来的历史片段，便成为一件功过千秋的大事。

带着对开封的记忆和读者们关注的问题，也是在9月，我访问了"开封市历史文化名城保护规划"和"市区街道地段控制性保护规划"的领衔制作人——被誉为"古城卫士"的同济大学建筑城规学院博士生导师、中国历史文化名城保护专家委员会委员、国家历史文化名城研究中心主任阮仪三先生。

如同他刀下救平遥、誓死保周庄、倾情为震后丽江"申遗"一样，说起开封的古城保护规划，阮先生的赤诚与激情，一下子便打动了我。

问：

您在制作开封市的保护规划中，面临的最大难题是什么？

答：

没有一部中国自己的城镇保护法作后盾。

可以说，在建筑和城市遗产保护立法方面，中国是全世界最落后的国家。

1887年，法国通过了第一部历史建筑保护法（首次规定保护文物建筑是公共事业，政府应该干预），随后公布的《马尔罗法》，率先确立了保护历史街区的新概念；英国从1882年颁布《古迹保护法》到1900年，保护范围从古遗址扩大到宅邸、农舍、桥梁等具有历史意义的普通建筑物；1972年出台的《保护世界文化和自然遗产公约》一经问世，就得到80多个国家的响应，并很快壮大到200多个国家，在世界范围内形成了一个保护文物古迹及其环境的高潮。中国虽然于1985年正式加入了这个世界公约，但是到目前为止，除一部文物保护法外，并没有出台城镇保护法。因此在实际操作中，许多地方是只有拆的政策而无保护政策，于是便加剧了现代与传统的对立、保护与拆迁的对立。

欧洲的卢森堡非常现代化，人均收入也很高，街上跑的都是漂亮车子，房子里面也是现代化的装饰，但是城市风貌却非常古朴。这说明老街区与现代生活并不矛盾，完全可以和谐共存。

但是，人口的增长使中国所有古城都超负荷运转，譬如，过去住一家人的院子，早已挤进去很多家……因此，在旧城复新的过程中，减少中心城区人口的问题无法回避。

老城是城市中最脆弱的部分，却承载着城市未来的方向和足迹。因此，尽快出台行之有效的旧城镇保护法能够有效地调节城市发展的节奏。

问：

那么，开封古城的保护和改造方案是依据什么原则来制定的？（提问中，我犯了一个原则性的错误。）

答：

对古城的保护绝不是"改造"，也不是拆旧建新。理念上，我从来不用"改造"这个词，而是用"修复"或"复兴"。因为，字里行间反映的不仅是两种态度、两种观念的问题，更重要的是保护与毁坏的运作方式。

"改造"意味着可以改变、可以重造。例如一些"改造"后的古城，拓宽了历史上的道路，路两边盖起高楼，格局似乎尚存，风貌却全然失尽。所以说，这种作法是不合适的。而在"修复"和"复兴"的提法中，主体未变，一切均围绕着受保护的主体运行。正像西方的一些城市，人们可以为保住一堵残存的、年代久远的砖墙而煞费苦心。因为建筑师们已经懂得尊重古老的石料和建筑材料，尊重建筑风格的真实性。他们知道，新的就是新的、旧的就是旧的，彼此间有着不可替代的价值。

我的保护原则就是不做假古董，采取"五原"的策略来恢复建筑物的原本面貌。这"五原"就是：原样式、原结构、原工艺、原材料、原环境。虽然最后一点目前难以做到，但我相信，只要我们坚持不懈的努力，就一定能够得到民众的理解与支持。

其实，随着时间的流动，所有的古城都正在消失，还原是一种梦想。我们能做的就是传承与继承，重新复制的做法是不可取的愚蠢。

问：

针对网络上关于开封市政府斥资千亿打造"汴京"胜景的传闻，还有对开封市目前的保护状况，你有什么看法？

答：

"斥资千亿"纯属误传。我所知道的情况就是，开封市政府向银行融资100多个亿来复兴古城。到目前为止，除"清明上河园"人造景观和钟楼重建项目有争议外，其他项目都按照"规划"要求做得不错。尤其是书店街和潘、杨府外的湖面做得很好，既传承了老城风貌，也继承了文化传统。

问：

现在全国各地都有一些类似的保护项目，您认为在策划实施此类项目时应该注意些什么？

答：

主要有三点：一、制定合理的保护规划；二、在保护前提下的合理开发；三、保护的目的不是为了发展旅游，不是为了赚钱，而是为了传承国家遗产。

注：为了更好地帮助我理解这三个问题，阮先生还不厌其烦地对他的回答做出了耐心细致的解释：一、不要迷信外国专家，尤其是法国专家，虽然法国最先制定出城市保护法，但是他们对中国的国情并不了解，尤其是中国文化；二、要整旧如

故，以存奇珍，留下真东西不能是假的，要延年益寿，不要返老还童；三、从已经开发的古城项目中就可以得到很好的启示。

问：

如今，作为国家级文化产业的示范园区，开封市的古城复兴举措给我们留下了些什么样的思考？

答：

政府工作虽然做到了认真有序，但是在宣传导向上可能出现了一些问题，这是一个很好的教训，警示我们在今后的工作中，发布消息应更科学、更准确。

古城的复兴是一条漫长的路，保护历史文化遗产又是人类社会进步、文明发展的必然要求。急功近利不可取，地方领导没有定力也不成，国家领导没有前瞻更不成。正如扬州市文物局局长顾风曾经在接受媒体采访时坦言的那样，为了扬州的古城保护，在当前的"经济城市"发展模式和政绩考核体系下，GDP排名一直落后。虽然扬州在国际上屡获赞誉，但市委领导长期处在这冷热夹击中，如果缺乏定力，将会十分彷徨。

同样，此前的开封在河南18个地级市中，GDP一直扮演着垫底的角色。直到近几年古城复兴工作初见成效，国内的一些大型企业才开始重新审视这个"郑州的后花园"，并加大对开封的投资。

开封清明上河园

最后要说的是，古城的管理与保护需要一套科学完整的法律法规，那种公说公有理、婆说婆有理的乡村工作模式早该摒弃了。如果去开封看看，你会发现，那里是全国少数几个没有高楼大厦的城市，尤其是古城复兴的重中之重鼓楼区。这里既有南国水乡的恬静润泽，又充斥着大宋盛世喧嚣活泼的生活气息。虽然离阮仪三先生倡导的"原环境"还尚有距离，但是起码我们见到了曙光。

2012 年 9 月